演讲与沟通

主编 沈春娥

西南交通大学出版社
·成都·

图书在版编目（CIP）数据

演讲与沟通 / 沈春娥主编. —成都：西南交通大学出版社，2019.10（2023.6 重印）
ISBN 978-7-5643-7159-3

Ⅰ. ①演… Ⅱ. ①沈… Ⅲ. ①演讲–高等学校–教材 ②言语交往–高等学校–教材 Ⅳ. ①H019

中国版本图书馆 CIP 数据核字（2019）第 216853 号

Yanjiang yu Goutong
演讲与沟通
主编　沈春娥

责 任 编 辑	武雅丽
助 理 编 辑	吴启威
封 面 设 计	陆诗楠
出 版 发 行	西南交通大学出版社 （四川省成都市金牛区二环路北一段 111 号 西南交通大学创新大厦 21 楼）
发行部电话	028-87600564　028-87600533
邮 政 编 码	610031
网　　　址	http://www.xnjdcbs.com
印　　　刷	四川森林印务有限责任公司
成 品 尺 寸	185 mm×260 mm
印　　　张	9.25
字　　　数	220 千
版　　　次	2019 年 10 月第 1 版
印　　　次	2023 年 6 月第 3 次
书　　　号	ISBN 978-7-5643-7159-3
定　　　价	25.00 元

图书如有印装质量问题　本社负责退换
版权所有　盗版必究　举报电话：028-87600562

前　言
PREFACES

不知不觉间，我教授"演讲与沟通"这门课程已经五年了。这五年的教学也是一个学习过程，让我对这门课程的理解和认识更加深入透彻。现在，我迫不及待地把自己这五年来积累的案例、讲义等资料整理并结集成册，拿出来与大家分享。

21世纪需要人才，需要具备综合素质的人才。人才要具备口才，能够当众表达自己的观点和思想。演讲作为一门艺术，是一个人思想水平、批判能力、语言表达、应变能力、心理素质以及个性特点、才华技艺的集中反映，也是培养、选拔、锻炼现代人才的有效途径。

沟通与语言交流是人类最基本的需求，而随着人类社会的发展和社会的进步，现代社会竞争日趋激烈，对人际沟通和语言交流能力的要求日益显现。不管是在学校中、求职中、工作中、家庭中，还是在社会其他领域，每个人都离不开人际沟通与语言交流。有效的沟通是我们工作、生活的润滑剂，良好有效的沟通是我们提升工作效率、生活质量和良好人际关系的重要手段。掌握沟通的技巧，了解与人相处之道，是收获成功的一种途径。

本书在阐述沟通基本概念和理念的基础上，介绍了演讲的类型和方法，以及命题演讲的准备；在阐述沟通基本理论的基础上，立足于大学生的实际和需要，着重探讨和介绍了语言和非语言的沟通技巧以及常见人际关系沟通的技巧，做到理论与实践相结合，基本原则和具体技巧相结合，便于读者深入理解并运用于实践。

本书作为高校教材，旨在培养学生良好的演讲说话能力和人际沟通能力，为他们将来从事各项工作奠定坚实的基础。本书也可以作为社会人士和演讲爱好者的自学读本。

本书得以出版，首先要感谢湖北文理学院和文学与传媒学院给我这个教学平台，能够让我把很多想法付诸实践，并在教学实践中不断积累；其次也感谢我的学生，让我从他们的反馈中看到自己教学中的不足，使我不断补充和完善自己的教学资料。

感谢文学与传媒学院的领导和同事对我的帮助、关心和支持！在此，还要特别感谢董云梅老师和西南交通大学出版社的张波老师，感谢你们的鼎力相助！

本书在编写过程中，借鉴和参考了大量的书籍和网络上的资料，由于篇幅的限制未能一一列出，在此一并表示诚挚的感谢。

由于编者水平有限且时间仓促，书中难免有疏漏之处，还请各位专家、同仁和读者批评指正，提出宝贵意见。

编　者

2019年6月19日

目　录
CONTENTS

第一章　演讲概论 …………………………………………… 1
　　第一节　演讲的定义 …………………………………… 1
　　第二节　演讲的特点 …………………………………… 2
　　第三节　演讲的分类 …………………………………… 3

第二章　演讲的准备 ………………………………………… 5
　　第一节　知识和能力的准备 …………………………… 5
　　第二节　语音准备 ……………………………………… 8
　　第三节　普通话水平测试 …………………………… 16

第三章　命题演讲 ………………………………………… 21
　　第一节　演讲稿的特点 ……………………………… 21
　　第二节　演讲稿的主题与选材 ……………………… 24
　　第三节　演讲稿的结构 ……………………………… 30
　　第四节　演讲稿的修改 ……………………………… 50

第四章　即兴演讲 ………………………………………… 53
　　第一节　即兴演讲的含义和特点 …………………… 53
　　第二节　即兴演讲的准备 …………………………… 56
　　第三节　即兴演讲的技巧 …………………………… 58

第五章　沟通概述 ………………………………………… 65
　　第一节　沟通的作用 ………………………………… 66
　　第二节　沟通的定义及要素 ………………………… 67
　　第三节　沟通的分类 ………………………………… 72
　　第四节　沟通的原则 ………………………………… 74

第六章　人际沟通障碍及其克服 ………………………… 79
　　第一节　人际沟通障碍 ……………………………… 79
　　第二节　人际沟通障碍的克服 ……………………… 85

第七章　沟通技巧 ………………………………………… 88
　　第一节　交谈的艺术 ………………………………… 88

         第二节　提问的艺术 ·· 96
         第三节　赞美的艺术 ·· 100
         第四节　倾听的艺术 ·· 104

第八章　非言语沟通 ··· 109
         第一节　非言语沟通概述 ·· 109
         第二节　身体语言 ·· 114
         第三节　服饰语言 ·· 121

第九章　常见的人际关系沟通方式 ······································ 124
         第一节　家庭沟通 ·· 124
         第二节　求职应聘时的沟通 ··· 131
         第三节　职场中的沟通 ·· 135

参考文献 ··· 142

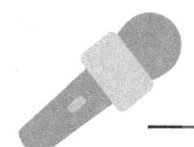

第一章 演讲概论

演讲是演讲者在特定的情境中,借助规范化、标准化的有声语言和得体的体态语言,向他人发表具有说理性、动情性和鼓动性的讲话,通过发表意见、抒发情感,达到感召听众并促使其行动的一种现实的信息交流活动。

第一节 演讲的定义

在人类社会的发展进程中,语言是最重要的交际工具,它以其表意的准确性满足了人们交流、交往的需求。人类语言主要有两种形式,一种是书面形式,一种是口语形式,其中口语形式以其便捷、灵活的特点而更为人们重视。

演讲作为人类的一种社会实践活动,它必须具备以下四个条件:演讲者,听众,沟通二者的媒介,以及时间与环境。离开其中任何一个条件都无法构成演讲。演讲的传达手段包括:有声语言、体态语言和主体形象。

有声语言是演讲活动最主要的表达手段。它由语言和声音两种要素构成,以流动的声音运载思想和情感,直接诉诸听众的听觉器官。它要求吐字清楚、准确,声音清亮、圆润、甜美,语气、语调、声音、节奏富于变化。

体态语言就是演讲者的姿态、动作、手势和表情,是流动着的形体动作辅助有声语言运载着思想和感情,直接诉诸听众的视觉器官。它要求准确、鲜明、自然、协调。

主体形象是指演讲者的体形、容貌、衣冠、发型、举止神态等。主体形象的美与丑、好与差,直接影响着演讲者思想感情的表达。它要求演讲者在符合演讲思想感情的前提下,注重装饰朴素、得体,举止、神态、风度的潇洒、优雅、大方,给听众一个美的外部形象。

必须指出,演讲如果只有"讲"没有"演",只作用于听众的听觉器官而不作用于听众的视觉器官,就会缺少动人的主体形象和表演活动;当然也不能只有"演"而没有"讲",只作用于听众的视觉器官而不作用于听众的听觉器官。所以,二者缺一不可,相辅相成。但是,"演"与"讲"的和谐必须是以"讲"为主,以"演"为辅,"演"必须建立在"讲"的基础上,否则便失去了演讲的意义。所以,演讲可定义为:

演讲,又称为演说、讲演,英文为speech,是"说"的意思。是指在公众场合,以有声语言为主要手段,以体态语言为辅助手段,针对某个具体问题,鲜明、完整地发表自己的见解和主张,阐明事理或抒发情感,进行宣传鼓动的一种语言交际活动。

第二节　演讲的特点

从总体上看，演讲具有以下特点：

1. 针对性

演讲是一种社会活动，是用于公众场合的宣传形式。想要以思想、感情、事例和理论来晓喻听众、打动听众、"征服"听众，演讲就必须要有现实的针对性。所谓针对性，首先是演讲者提出的问题是听众所关心的问题，评论和论辩要有雄辩的逻辑力量，要能为听众所接受并心悦诚服，这样，才能起到应有的社会效果；其次是要懂得听众有不同的对象和不同的层次，而"公众场合"也有不同的类型，如党团集会、专业性会议、服务性俱乐部、学校、社会团体、宗教团体、各类竞赛场合，演讲时要根据不同场合和不同对象，为听众设计不同的演讲内容。

2. 口语化

口语化是演讲区别于其他书面表达文章和会议文书的重要方面。书面性文章无须多说，其他会议文书如大会工作报告、领导讲话稿等，并不太讲究口语性，虽然由某一领导在台上宣读，但听众手中一般也有一份印制好的讲稿，一边听讲一边阅读，不会有什么听不明白的地方。演讲就不同了，它有较多的即兴发挥，不可能事先印好讲稿发给听众。为此，演讲必须讲究"上口"和"入耳"。所谓上口，就是讲起来通达流利。所谓入耳，就是听起来非常顺畅，没有什么语言障碍，不会发生曲解，保证讲起来朗朗上口，听起来清楚明白。

3. 鼓动性

我们知道，人们通过演讲活动来宣传真理，统一思想，赢得支持，从而引导他人。尤其在战争年代和政治斗争中，演讲活动向来被喻为是进行宣传教育、政治斗争的有力武器。所以演讲需要使听众产生感情上的共鸣，没有鼓动性，就不成为演讲。在演讲中，演讲者需要用自己的形象、语言、情感、体态以及演讲词的结构、节奏、情节等去引发听众的共鸣，以此来抓住听众的心。可以说，鼓动性是演讲是否成功的一个重要标志。

著名黑人运动领袖马丁·路德·金于20世纪60年代发表的演讲《我有一个梦想》，就是用他带有强烈的抒情意味的语言，让听众感觉到他的感情是真挚的、他的建议是中肯的、他所描绘的自由美国的蓝图是可信的，因而他的演讲也就能唤醒当时的黑人，让他们意识到自由的可贵，并让他们明白争取自由时要注意方式方法。他的著名演讲激励着一代又一代的黑人为自由而奋斗。

4. 艺术性和表演性

演讲的艺术性，一方面要求演讲者在内容结构安排上要精巧、灵活和有悬念，符合人们的认知心理，另一方面在语言的运用上要直观形象，可观、可感，语音上要和谐、悦耳，能引起人们美的联想和想象。

演讲的表演性，是指演讲者在运用有声语言和体态语言进行表情达意的过程中，为使内容更为直观、鲜明而有意采用有限度的夸张等方式，产生陌生化的效果，让演讲语言与一般日常生活语言相比,在语言表达上具有一定的表演性成分。

5. 临场性

演讲活动是演讲者与听众面对面的一种交流和沟通。听众会对演讲内容及时做出反应:或表示赞同,或表示反对,或饶有兴趣,或无动于衷。演讲者对听众的各种反应不能置之不顾,因此,写演讲稿时,要充分考虑它的临场性,在保证内容完整的前提下,要注意留有伸缩的余地。要充分考虑到演讲时可能出现的种种问题,以及应付各种情况的对策。

第三节 演讲的分类

在生活中,演讲行为所涉及的内容广泛、形式多样,按照不同的分类标准可以有不同的分类方法。演讲通常从其功能、形式、内容三个角度进行分类。

1. 从功能上划分

(1)"使人知"演讲。这是一种以传达信息、阐明事理为主要功能的演讲。它的目的在于使人知道、明白。如美学家朱光潜的演讲《谈作文》,讲了作文前的准备、文章体裁、构思、选材等,使听众明白了作文的基本知识。它的特点是知识性强、语言准确。

(2)"使人信"演讲。这种演讲的主要目的是使人信赖、相信。它从"使人知"演讲发展而来。如恽代英的演讲《怎样才是好人》,不仅告知人们哪些人不是好人,也提出了三条衡量好人的标准,通过一系列的道理论述,改变了人们以往的观念。它的特点是观点独到、正确,论据翔实、确凿,论证合理、严密。

(3)"使人激"演讲。这种演讲意在使听众激动起来,在思想感情上与演讲者产生共鸣,从而欢呼、雀跃。如美国黑人运动领袖马丁·路德·金的《我有一个梦想》,用他的几个"梦想"激发广大黑人的自尊感和自强感,激励他们为"生而平等"而斗争。

(4)"使人动"演讲。这比"使人激"演讲进了一步,它可使听众产生一种欲与演讲者一起行动的想法。第二次世界大战期间,法国总统戴高乐在英国伦敦做的演讲《告法国人民书》,号召法国人民行动起来,投身到反法西斯的行列中。它的特点是鼓动性强,多以号召、呼吁式的语言结尾。

(5)"使人乐"演讲。这是一种以活跃气氛、调节情绪、使人快乐为主要功能的演讲,多以幽默、笑话或调侃为材料,常出现在喜庆的场合。这种演讲的案例很多,它的特点是材料幽默、语言诙谐。

2. 从形式上划分

(1)命题演讲。即由别人确定题目或演讲范围,演讲者经过准备后所做的演讲,它包含两种形式:全命题演讲和半命题演讲。全命题演讲的题目一般是由演讲组织部门制定的,这样的命题往往是为某些活动而准备的,所以它主题鲜明、针对性强、内容稳定、结构完整。比如某单位组织"让雷锋精神在岗位上闪光"的主题演讲,为了让演讲者各有侧重,分别拟了《把爱送到每个顾客的心坎上》《练好本领，为民服务》《从一点一滴做起》三个题目，给了三位演讲者，要求以此组织材料，准备演讲。

半命题演讲指演讲者根据演讲活动组织单位限定的范围，自己拟定题目进行的演讲，如1986年，中央电视台和"演讲与口才"杂志社联合举办的"十城市青少年演讲邀请赛"命题演讲便是以"四有教育"为范围，具体题目自拟。

（2）即兴演讲。即演讲者在事先毫无准备的情况下，因为一些临时突发的情况，主动或被动发表的演讲。通常是演讲者就眼前场面、情境、事物、人物临时起兴发表的演讲，如婚礼祝词、欢迎致辞、丧事悼念、聚会演讲等。它的特点是：有感而发、时境感强、篇幅短小。

即兴演讲因为没有详细的准备，在逻辑上难免会有些缺失。所以它要求演讲者紧扣主题、抓住由头、迅速组合、言简意赅。

（3）论辩演讲。由两方或两方以上的人因对某个问题产生不同意见而展开的面对面的语言交锋。其目的是坚持真理、批驳谬误、明辨是非。比如我们生活中常见的法庭论辩、外交论辩、赛场论辩以及生活论辩等。

论辩演讲特点是：针锋相对、短兵相接。论辩演讲较之命题演讲、即兴演讲难度更大，它要求演讲者必须具备正确的思想、高尚的品质、严密的逻辑性和较强的应变性。

3. 从内容上划分

（1）政治演讲。凡是为了一定的政治目的，出于某种政治动机，就某个政治问题以及与政治有关的问题而发表的演讲均属此类。政治类演讲往往政治倾向明显、富有雄辩性和鼓动性。它包括外交演讲、军事演讲、政治宣传等。

（2）社会生活演讲。指演讲者就社会生活中存在的各种问题、风俗、现象而做的演讲，它表达了演讲者对这些问题的看法、见解和观点。这种演讲涵盖的内容更加广泛，如：亲情、友谊、吊贺、迎送、答谢等均属此类。

（3）科学学术演讲。指演讲者就某些系统、专门的知识和学问而发表的演讲。一般指学校和其他场合的专题讲座、学术报告、学术评论。它必须具有内容的科学性、论证的严密性和语言的准确性。

（4）法律演讲。法律演讲是从事与法律相关的行业的专业人士对于各种事件的辩论、研究的演讲。

（5）宗教演讲。指的是一切与宗教仪式、宗教宣传有关的演讲，它主要包括布道演讲和一些宗教会议演讲。

4. 其他划分

此外，还可以从以下几个方面划分演讲的类型：

（1）从人数上，可分为单人演讲（演讲者为一人的演讲）和多人演讲（演讲者为两人以上的演讲）；

（2）从风格上，可分为激昂型演讲、深沉型演讲、严谨型演讲、活泼型演讲等；

（3）从目的上，可分为说服型演讲、鼓动型演讲、传授型演讲、娱乐型演讲等；

（4）从场所上，可分为街头演讲、战地演讲、集会演讲、课堂演讲、法庭演讲、电视演讲等。

第二章 演讲的准备

人们常说"台上三分钟,台下十年功",要做好一次演讲,必须要下一番功夫不可。这种功夫并不像有的人理解的那样,仅仅是一个嘴皮子功夫。演讲是人的精神、学识、修养的外化,是一个信息输出的过程。要做好演讲,需要有丰富的知识和良好的思维能力,需要良好的心理素质、清晰标准的语音、恰当的体态语言,还需要具备一定的演讲技巧。因此,演讲准备要从以下几个方面进行。

第一节 知识和能力的准备

一、演讲者的修养和知识准备

演讲者为了使演讲获得最好效果,应该在思想、道德、品质、学识等方面达到一定的标准和水平,对此做的努力和培养就是演讲者的自我修养。那么,演讲者都应具备哪些修养呢?

1. 演讲者要有先进的、科学的思想

演讲者演讲的目的是教育人、启迪人,提高听众的思想认识、文化水平。这就要求演讲者本身必须具备先进的、科学的思想,这样才能高瞻远瞩,识前人所未识,讲前人所未讲。历史上许多著名的演讲家如德摩斯梯尼、西塞罗、林肯、马克思、恩格斯,他们无一不是伟大的思想家,他们的演讲也闪烁着真理、科学、智慧的光芒。今天我们提倡的"要给别人一杯水,自己先得有一桶水",也是这个道理。尤其在科技高度发展的时代,新知识、新学科不断涌现,更需要演讲者努力学习,迅速掌握各种新思想、新科学和方法,以便更好地服务听众。

2. 演讲者要有高尚的道德品质

古人说:"其身正,不令而行;其身不正,虽令不从。"这从某个侧面说明了演讲者道德品质的重要性。在生活中,任何一种行为都会直接或间接地与他人或社会产生联系,并受到一定社会规范的限制和协调,演讲也是如此。作为演讲主体的演讲者,更应以一个具有高尚道德水准的形象出现在公众面前,带头恪守社会道德规范,并应具备以下四点:

(1)政治道德。即应当有高度的政治觉悟、良好的政治品质、坚定的理想信念。

(2)职业道德。演讲者必须遵守自己从事职业的道德,如医德、师德等。

(3)社会公德。演讲者在举手投足间都应讲究文明礼貌,做到彬彬有礼。

（4）伦理道德。演讲者必须具备高尚的伦理观、恋爱观、婚姻观，如此才能把正确的伦理观念传播给听众。

3. 演讲者要有丰富的学识

演讲者要有丰富的学识，这不仅是"传道、授业、解惑"的需要，还是演讲成功的基本条件。古今中外的演讲家无一不是学识渊博的，他们之所以能旁征博引、妙语惊人，之所以能把生动、具体、精彩的事例自如地组织到演讲中，就因为他们博览群书、知识丰富。在当今时代，各种学科高度分化和高度综合，演讲者如果不了解新知识，跟不上现代科学文化发展步伐，就不能使演讲充实、新鲜、生动。

中外一切优秀演讲家的经验都证明，丰富的文化知识是演讲取得成功必不可少的条件。初学演讲的人尤其应当广泛深入地汲取人类丰富的文化知识，用知识武装、充实自己。只有不断地加强文化修养，才能成为一个优秀的演讲者。研究科学技术、做学问，需要专门知识，应该成为专家；而作为一个演讲者，光有专门知识还不够，还应该广泛涉猎专门知识以外的各种知识。

二、演讲者能力的准备

除了思想、品德、学识等方面的修养，演讲者还需具备以下几种能力：

1. 较强的思维能力

所谓思维能力，指的是人们对客观事物的观察、分析、判断能力。毛泽东同志在《学习与时局》的演讲中曾生动地指出："脑筋这个机器的作用，是专门思想的。孟子说：'心之官则思。'他对脑筋的作用下了正确的定义。凡事应该用脑筋好好想一想。俗话说：'眉头一皱，计上心来。'就是说多想出智慧。"这段话讲的就是思维能力的作用。

一次成功的演讲，往往由于它有很强的针对性和时代感，才产生了很强的感染力和说服力。那么这种针对性和时代感从何而来呢？这只能从我们对周围现实生活中的人和事，对火热的现代化建设的敏锐观察、深刻分析和准确判断中来。这种观察、分析、判断的能力，可以帮助我们掌握客观事物的本质，而这种能力是一时一刻也离不开一个人的思维能力的。鲁迅曾经说过："留心各样的事情，多看看，不看到一点就写。"这里讲的"多看看，不看到一点就写"，就是指思维过程中的观察和分析、判断。演讲更是如此。只有通过对现实生活的观察、分析和判断，才能透过现象看到事物的本质，并从中找出规律性的东西，挖掘出有意义的演讲素材。这样的演讲不但内容丰富，而且能正确地反映事物的本质及主流，说到听众的心坎里，达到演讲的目的。演讲者较强的思维能力在演讲中的作用主要有以下几点：①提高主题的深刻性、全面性；②提高材料的利用率；③提高演讲构思速度，降低演讲难度；④提高观察联想、知识迁移能力。演讲者培养思维能力的途径、方法主要有：广泛地涉猎科学文化知识，提高演讲者信息的广度；深入地学习逻辑及哲学，培养正确的思维方法及思维技能，积极运用已有知识信息，用信息交合的方法来进行训练和培养。

2. 敏锐的观察力

敏锐的观察力体现在三个方面：准备演讲时，有了敏锐的观察力，就能从普通的生活中获取大量素材，通过分析和判断，从中发现能反映生活的本质和社会主流的素材；在演讲中，有了敏锐观察力，可以了解听众的表情、心理及场上的气氛变化，及时调整演讲的内容、方式、节奏；在演讲后，有了敏锐的观察力，可以从周围的反映中综合分析自己演讲的成败得失，使自己的演讲臻于成熟。

3. 丰富的想象力

在演讲中，想象力如同"点金术"，有了它就可以"思接千载，视通千里"，才能使演讲内容充实、新颖而多彩，才能将各种各样的事物与演讲主题巧妙地组合起来，讲起来才能文思泉涌，增强演讲的浓度、广度和感染力。这需要演讲者努力培养自己的好奇心和探究力，对任何问题都拿出认真钻研的热情，对任何事物都要有一种兴趣和求知欲望，并逐步增加生活经验，这是想象力的基础。

4. 较强的记忆力

演讲者在演讲前的准备阶段，博览群书，吸取丰富知识，掌握大量材料和信息。写演讲稿时才能如囊中取物一样，迅速、准确地组织到稿中。在演讲中，也要靠记忆力将演讲稿的主要材料、观点、事例等牢记于心。这样讲起来才能口若悬河，滔滔不绝。

其实，演讲者所应具备的能力远不止这些。比如，演讲者应有理论家的分析、综合、判断能力；应有文学家的记叙、描绘的能力等。一句话，演讲者所具备的能力越多，演讲成功的概率也就越大。因此说，演讲者的修养和能力的培养是无止境的。

三、演讲者心理素质的准备

演讲是一种复杂的传播活动，它不仅是对演讲者的思想水平、文化修养、仪表风度的一次全面检验，同时也是对演讲者心理素质的一次严峻考验。良好的心理素质不仅是顺利进行演讲的重要前提，而且也是取得理想演讲效果的可靠保证。

演讲者应具备的心理素质有：充分的自信心、强烈的成功欲、不怕失败的韧性和坚强的自控力。

1. 充分的自信心

自信心具有理性思维色彩，它指的是在任何活动中都使自己处在良好的竞技状态，这在演讲、辩论中尤为重要。具有自信心的人，往往在语言活动中神态自若、心绪镇静、记忆准确、表达流畅，兴奋保持在最佳状态。自信心的强弱会成为认识和实践活动中的一种习惯性心理，成为性格特点。在演讲中，自信心强会使自己的演讲水平得到正常的发挥甚至超水平的发挥。

2. 强烈的成功欲

这是自我价值实现的一种满足感，是属于马斯洛的"人的需要层次论"中最高层次的需要，它可以帮助人塑造一种追求完美的心理品格和良好的心理素质。强烈的成功欲能准确、充分地知觉现实，能全力以赴地献身于任务、事业和使命，愿意向任何值得学习的人学习。成功欲在人们的思想行为中有着巨大的推进作用，是促进一切事业成功的主观动机，当然，也是造就演讲成功的内在动力。

3. 不怕失败的韧性

每个演讲者或多或少都有过失败的经历，但他们却能从失误或失败中及时总结经验教训，并在实践中刻苦地磨炼自己，不断地提高口才，最后获得成功。

4. 坚强的自控力

自控力是演讲者合理控制自己的情绪、情感和意志所具有的良好的心理适应能力。这是保证演讲者正常调动自己的思维，组织和运用自己语言的决定性因素。自控力强的演讲者，既能做到"我所不愿为"，又能做到"不为所愿为"，因而能适应客观环境，主动调节自己的情绪和情感，使言谈举止优雅、得体。

第二节 语音准备

一口流利的普通话是准确表达的前提，是口语交流得以顺利进行的基础要素。语音的标准程度直接影响口头语言的表现力，因此，标准、自然、流畅的语音是演讲者必备的素质。

一、演讲的语音要求

演讲的语言从口语表述角度看，必须做到发音准确、清晰、优美，用词准确，语言流利易懂，语调自然贴切。

（一）发音准确、清晰、优美

演讲以声音为主要手段，对语音的要求很高，演讲者的发音既要准确地表达出丰富多彩的思想感情，又要悦耳爽心，清晰优美。为此，演讲者必须认真对语音进行研究，努力使自己的声音达到最佳状态。

一般来说，演讲语音的标准有以下四点：

（1）准确清晰，即吐字正确清楚，语气得当，节奏自然。

（2）清亮圆润，即声音洪亮清越，铿锵有力，悦耳动听。

（3）富于变化，即区分轻重缓急，随感情的变化而变化。

（4）有传达力和浸彻力，即声音有一定的响度和力度，使在场听众都能听真切，听明白。

演讲语言常见的问题有声音颤抖，飘忽不定；大声喊叫，音量过高；音节含糊，夹杂明显的气息声；声音忽高忽低，音响失度；朗诵腔调，生硬呆板等。所有这些都会影响听众对演讲内容的理解。

要达到最佳语言效果，一般来说要做到如下几点：

1. 字正腔圆

字正，是演讲语言的基本要求，要读准字音，读音响亮，送音有力。读音要符合普通话声母、韵母、声调、音节、音变的标准，严格避免地方音和误读。如将"鞋子"说成"孩子"，将"干涸"说成"干固"等。读错、讲错字音，一方面直接影响听众对一个词、一个句子，甚至整篇内容的理解；另一方面也直接影响演讲者的声誉和威信，降低了听众对演讲者的信任感。

腔圆，即声音圆润清亮，婉转甜美，富有音乐美。要发音响亮。演讲时齐齿呼音节（i 和 i 开头的韵母）与撮口呼音节（ü 或以 ü 开头的韵母）发音时由于口腔开合小，共鸣腔不大，音发出来不亮。要尽量在备稿时换成开口呼音节（a 或以 a 开头的韵母）与合口呼音节（o 或以 o 开头的韵母）。如把"至"改为"到"，把"与"改为"和"。

2．分清词界

词分单音节和多音节。单音节词不会割裂分读，而多音节词则有可能割裂引起歧义。例如："一米九个头的冯骥才伫立在空荡荡的山谷里。"这句话中的"一米九个头"本意是"一米九的个头"念时应为"一米九—个头"，如果词界划分不当，很容易弄成为"一米—九个头"，把"个头"（身材）一词割裂为"个"（量词）和"头"（名词）两个词，因而产生歧义。演讲者如出现这种错误，便会令人忍俊不禁。

3．讲究音韵配搭

汉语讲究声调，声调能产生抑扬急缓的变化，本身就富有音乐美。好的演讲，平仄错落有致，抑扬顿挫，显得悦耳动听。

（1）双音节化。汉语中的一些单音节词表达意义复杂、深刻，如果能改成双音节词就明白、通俗些。且双音节词响亮明朗，有顿挫变化，易于表现语言的音乐美。

（2）注意押韵。如果在适当的地方有意押韵，更能产生一种声音的回环美与和谐美，讲起来上口，听起来悦耳，有散文诗的风韵。

（3）平仄相间。汉字一字一调，高低升降，起伏变化。作为平声字的阴平、阳平变化不大，比较稳，易听清楚；仄声字的上声、去声变化大，声音短促，音感强烈。二者要相互配合，使音节起伏变化。此外，恰当地运用象声词和叠声词进行渲染烘托，也能收到声情并茂的效果。

（二）用词准确、语句流利易懂

在演讲活动中，演讲者借助口语发出信息，听众依靠听觉接收信息。口语与书面语之间有较明显的差距。与书面语相比，口语具有以下特点：

（1）句式短小。演讲不宜使用过长的句子。

（2）通俗易懂。要使用常用语和一些较流行的口头语，使语言富有生气和活力。

（3）不过多地做某些精确的列举，特别是过大的数字，常用约数。

（4）较多地使用那些表明个人倾向的词语，诸如"显而易见""依我看来"等，并且常常运用"但是""除了"等连接词，使讲话显得活泼、生动、有气势。当然，讲究表意朴实的口语化，绝不能像平常随便讲话那样任意增减音节、拖泥带水、磕磕巴巴，这样会损害口语的健康美，破坏语言的完整性。

（三）语调自然贴切

语调是口语表达的重要手段，它能很好地辅助语言表情达意。同样一句话，由于语调轻重、高低、长短、急缓等的不同变化，在不同的语境里，可以表达出不同的思想感情。

一般来讲，表达坚定、果敢、豪迈、愤怒的思想感情时，语气急骤，声音较重；表达幸福、温暖、体贴、欣慰的思想感情时，语气舒缓，声音较轻；表示优雅、庄重、满足的思想感情时，语调前后弱、中间强。只有这样，演讲才能绘声绘色，传情达意。

语调的选择和运用，必须切合思想内容，符合语言环境，考虑现场效果。语调贴切、自然正是演讲者思想感情在语言上的自然流露。所以，演讲者恰当地运用语调，事先必须准确地掌握演讲内容和感情。

二、演讲语音训练

在练习普通话语音时，要掌握好声母、韵母和声调的读音。

（一）声 母

1. 声母分类

普通话中有21个声母，根据发音部位和发音方法，排列成表1的形式。

表1 普通话辅音声母总表

发音部位			唇音		舌尖前音		舌尖中音		舌尖后音	舌面音		舌根音	
			双唇音	唇齿音									
			上唇下唇	上齿下齿	舌尖	齿背	舌尖	上齿龈	舌尖	硬腭前	舌面前	硬腭前	舌根	软腭
发音方法	塞音	清音	不送气音	b[p]				d[t]					g[k]	
			送气音	p[p']				t[t']					k[k']	
	清音	清音	不送气音			z[ts]				zh[tʂ]	j[tɕ]			
			送气音			c[ts']				ch[tʂ']	q[tɕ']			
	擦音		清音		f[f]	s[s]				sh[ʂ]	x[ɕ]		h[x]	
			浊音							r[ʐ]				
	鼻音		浊音	m[m]				n[n]						
	边音		浊音					l[l]						

2. 声母辨音练习

（1）平翘舌辨音。

对比练习：

栽花——摘花　暂时——战士　造就——照旧　私人——诗人　资源——支援
字纸——制止　辞职——赤字　舒适——苏轼　木材——木柴　狮子——撕纸

绕口令练习：

四是四，十是十，十四是十四，四十是四十，谁能说准四十、十四和四十四，谁就来试试。谁说十四是四十，就打谁十四；谁说四十是细席，就打谁四十。

（2）鼻边音辨音。

对比练习：

无奈——无赖　　南天——蓝天　　闹灾——涝灾　　留念——留恋　　牛年——流年
女客——旅客　　干娘——干粮　　浓重——隆重　　南宁——兰陵

绕口令练习：

牛郎恋刘娘，刘娘念牛郎。牛郎连连恋刘娘，刘娘连连恋牛郎。牛郎年年念刘娘，刘娘年年念牛郎。郎恋娘来娘恋郎，念娘恋娘念郎恋郎，牛恋刘来刘恋牛，牛念刘来刘念牛。郎恋娘来娘恋郎，郎念娘来娘念郎。

（3）f 和 h 辨音。

对比练习：

发红——花红　　放荡——晃荡　　防风——黄蜂　　芬芳——昏黄　　翻腾——欢腾
公费——工会　　辅助——互助　　方地——荒地　　飞鱼——黑鱼　　流犯——流汗
浮面——湖面　　老房——老黄　　西服——西湖　　绘画——废话　　伏案——湖案

绕口令练习：

风吹灰飞，灰飞花上花堆灰，风吹花灰灰飞去，灰在风里飞又飞。

灰化肥会挥发，黑化肥会挥发，灰化肥比黑化肥会挥发，黑化肥比灰化肥会挥发，到底是灰化肥比黑化肥会挥发，还是黑化肥比灰化肥会挥发。

（4）j、q、x 和 g、k、h 辨音。

对比练习：

街道——该到　　孩子——鞋子　　解冻——改动　　能救——能够　　戒备——盖被

绕口令练习：

孩子是孩子，鞋子是鞋子，孩子不是鞋子，鞋子不是孩子。是孩子穿鞋子，不是鞋子穿孩子，谁分不清鞋子和孩子，谁就念不准孩子和鞋子。

（二）韵母

1. 韵母分类

普通话里有 39 个韵母，可以根据韵母的内部构成和开头元音的发音特点分类。

根据韵母的内部构成特点，可以把韵母分为单韵母、复韵母和鼻韵母三大类。单韵母是由单个元音构成的韵母，共 10 个，分别是：a、o、e、i、u、ü、e、er、-i（前）、-i（后）。

复韵母是由两个或三个元音构成的韵母，普通话里共 13 个复元音韵母：ai、ei、ao、ou、ia、ie、ua、uo、üe、iao、iou、uai、uei。

鼻韵母是由一个或几个元音带上做韵尾的鼻辅音结合而成的韵母，带前鼻韵尾 n 的韵母叫前鼻韵母，带后鼻韵尾 ng 的韵母叫后鼻韵母。普通话中有 8 个前鼻韵母：an、en、in、ün、ian、uan、üan、uen；8 个后鼻韵母：ang、eng、ing、ong、iang、uang、iong、ueng。

根据开头元音的发音性质，韵母可以分为开口呼、齐齿呼、合口呼、撮口呼，即传统的"四呼"。开口呼：不是 i、u、ü 或不以 i、u、ü 开头的韵母属开口呼，如 a、ou、en；齐齿呼：i 或以 i 开头的韵母属齐齿呼，如 i、in、iao；合口呼：u 或以 u 开头的韵母属合口呼，如 u、uan、uei；撮口呼：ü 或以 ü 开头的韵母属撮口呼，如 ü、üe、üan。

2. 韵母辨音练习

（1）in 和 ing 对比辨音。

对比练习：

零时——临时　静止——禁止　谈情——弹琴　印象——映象　冰棺——宾馆
频频——平平　今天——惊天　亲近——清静　竞赛——禁赛　金银——晶莹

绕口令练习：

生身亲母亲，谨请您就寝，请您心宁静，身心很要紧。新星伴明月，尽是清净境，银光澄清清，警铃不要惊。您请我进来，进来敬母亲。

（2）en 和 eng 对比辨音。

对比练习：

陈旧——成就　真气——蒸汽　整段——诊断　上身——上升　人参——人生
针眼——睁眼　成风——晨风　同门——同盟　瓜分——刮风　出生——出身
粉刺——讽刺　花盆——花棚　深耕——生根　审视——省市　深沉——生成

绕口令练习：

陈庄程庄都有城，陈庄城通程庄城。陈庄城和程庄城，两庄城墙都有门。陈庄城进程庄人，陈庄人进程庄城。请问陈程两庄城，两庄城门都进人，哪个城进陈庄人，程庄人进哪个城？

（3）u 与 ou，e 与 uo，o 与 uo 的对比辨音。

普通话的单韵母和复韵母是自成体系的。一些方言中存在单韵母相互转化的现象，尤其要注意韵母 u 与 ou，e 与 uo，o 与 uo 的对比练习，不要丢失介音 u。

对比练习：

豆皮——肚皮　楚剧——丑剧　树木——寿木　出水——抽水　徒弟——投递
渡江——豆浆　舒适——收市　杜甫——豆腐　打散——打算　一旦——一段

绕口令练习：

河上是坡，坡下是河。坡上立着一白鹅，白鹅低头望着河。宽宽的河，肥肥的鹅，鹅过河，河渡鹅。河坡飞来丹顶鹤，鹤望河与鹅，小鹅笑呵呵。不知鹅过河，还是河渡鹅。

（三）声调

声调指音节的高低升降，通过声调可以区别意义。声调主要取决于音高（跟音长也有密切关系），其高低升降的变化是相对的。《汉语拼音方案》要求，在韵母的韵腹上标出四个符号来表示声调的大致调型。普通话有四个基本调值，也就是四个调类，即阴平、阳平、上声和去声。

声调练习：

中国伟大	山河美丽	天然宝藏	资源满地	阶级友爱	心明眼亮
山明水秀	阴阳上去	百炼成钢	波澜壮阔	排山倒海	喷薄欲出
满园春色	名不虚传	发奋图强	翻江倒海	大快人心	当机立断
谈笑风生	鸟语花香	逆水行舟	老当益壮	雷厉风行	盖世无双
高瞻远瞩	慷慨激昂	开卷有益	豪言壮语	和风细雨	艰苦奋斗
锦绣河山	千军万马	晴天霹雳	喜笑颜开	响彻云霄	朝气蓬勃

（四）音变

在语言活动中，由于相连音节的相互影响或表情达意的需要，一些音节中的声母、韵母或声调会发生语音的变化，称为语流音变。掌握语流音变，发音时常给人自然流畅之感。

1. 轻声

有些音节在特殊情况下，读音轻而短，它不同于四声中的任何一声，这样的音节叫轻声。例如："衣服"的"服"，"桌子"的"子"。

少数轻声有区别意义的作用，如："兄弟"一词，"弟"重读，表示哥哥和弟弟，"弟"读轻声只表示"弟弟"。

读轻声的通常有下列几种情况：

（1）名词词尾：子、们、头，……。如：木头，刀子，同学们等。

（2）方位词：里、上、下，……。如：屋里，天上，地下等。

（3）趋向动词：来、去、起来、出去……。如：出来，进去，好起来等。

（4）重叠动词的第二个词和中间的"一""不"等。如：看看，修理修理，想一想，办不办等。

（5）助词：的、得、地、着、了、过、吧、呢、吗、啊……。如：好得很，起来吧，多高兴啊。

（6）部分双音词的第二个音节，如：糊涂，风筝，葡萄，漂亮，稀罕等。

2. 变调

在语流中，由于人们说话时的习惯和表情达意的需要，有些字的声调会发生变化。常见的有：

（1）上声的变调。

两个上声相连，前一个上声变成阳平，如：领导 lǐng dǎo→líng dǎo，理想 lǐ xiǎng→lí xiǎng。

上声在非上声（阴、阳、去）前变半上，只降不升。如：北京、伟大。

上声在轻声前有两种变法：其一，轻声本调是阴平、阳平、去声，则变为"半上""轻声"，例如：手巾、老实、打扮。其二，轻声本调是上声，则变为"阳平"，如：手法、老虎、打扫。但不完全如此，例如：上声在轻声"子"前，或上声重叠表称谓时，则变"半上""轻声"，如"毯子""奶奶"。

（2）"不"的变调。

在阴平、阳平、上声前，变去声，如：不吃 bù chī、不行 bù xíng、不想 bù xiǎng。

在去声前，变阳平，如：不去 bú qù。

（3）"一"的变调。

"一"单用，用在句尾，或它后面跟着别的数词时，读本调即阴平声，如：一、第一、一九八一。

"一"在阴平、阳平、上声前，由阴平变去声，如：一天 yī tiān→yì tiān，一起 yī qǐ→ yì qǐ，一尺 yī chǐ→yì chǐ。

"一"在去声前，由阴平变阳平，如：一定 yī dìng→yí dìng，一切 yī qiè→yí qiè。

"一"在重叠的动词中间念轻声，如：比一比 bǐ yī bǐ→ bǐ yi bǐ，看一看 kàn yī kàn→kàn yi kàn。

三、演讲的语调

一个好的演讲除了要注意语音的标准和流畅之外，还要注意语气和语调的变化。语气和语调是口语表达过程中真切、准确地传达说话人的思想感情的重要手段。语气和语调主要是通过合适的停连、抑扬、轻重、缓急和气息的变化表现出来的。

1. 停连

停连，也称顿挫，是指朗读语流中声音的暂时休止和接续，可以说它是有声语言表达中的标点符号。一方面，停连是作品内容、情感表达的需要。为了更好地表情达意，在适当的地方使用停连，造成声音的暂时间歇和延续，帮助听者更好地理解和感受作品的思想内容。另一方面，它也是演讲者生理上的需要。在演讲过程中，演讲者不可能一口气朗读完一篇作品，中间需要不停地换气，并且不断地做声音的调整，但又不能气断声绝，停连则能满足这方面的需求。

（1）语法停连。

语法停连是反映词句的语法关系，显示语法结构的停连。语法停连分为句逗停连和语组停连两种。

标点符号是书面语的重要组成部分，在口语中则用停顿来表示，其停顿时间的长短一般由标点的类型决定。常用的标点符号停顿时间大致是：句号、问号、叹号>分号、冒号>逗号>顿号。

语组停连是指在没有标点符号的地方，按照词语间语法关系所做的停顿。语组停顿比句逗停顿的时间要短些。一般说来，主谓之间、动宾之间、修饰成分与中心语之间，都可以有停顿。例如：

夕阳//把水面//映得//通红，把天空//也染成//万道彩霞。红红的//花儿。

一个年轻漂亮的//姑娘。

（2）强调停连。

强调停连是为了突出某种事物或表达某种感情所做的停连。它不受语法的限制，而是依据表情达意的需要来决定停连的位置和时间。例如：

第二天清晨，这个小女孩坐在墙角里，两腮通红，嘴角上带着微笑。她死了，在旧年的大年夜冻死了。

这几处停顿，表示了一种特殊的寓意，即对那个黑暗、不平等社会的强烈愤恨及对小女孩的同情和爱怜。

2. 重 音

重音是指朗读时为了突出主题、表达思想、抒发感情而对语句中的某些词语加以突出强调的现象，它是体现语句内容的重要手段，重音位置不同，语意也会随之发生变化。例如：

我知道你爱看小说。（别以为我不知道）

我知道你爱看小说。（别人爱不爱看我不知道）

我知道你爱看小说。（爱不爱看诗歌我不知道）

重音分为语法重音和强调重音两类。一般在语句中，谓语和中心语的修饰成分、疑问代词和指示代词都要重读。强调重音没有固定的位置，它是根据表意的内容和需要来确定的。

3. 语 势

语势指朗读时声音升降平曲、高低起伏的变化形式，它是通过控制声带的松紧来实现的。语调由平升高，高亢激昂，称为"扬"；语调先平后降，低沉持重，称为"抑"；语调缺少变化，平缓舒展，称为"平"；语调升降频繁，起伏不定，称为"曲"。语势不同，表达的思想感情和内容也不同。例如：

当年毛委员和朱军长带领队伍下山去挑粮食，不就是用这样的扁担么？（上扬调，表示疑问）

盼望着，盼望着，东风来了，春天的脚步近了。（降抑调，表示肯定）

我家的后面有一个很大的花园，相传叫百草园。（平直调，叙述、说明）

这真是所谓"你不说我倒还明白，你越说我越糊涂了"。（曲折调，揶揄语气）

4. 语 速

语速是指朗读时吐字发音的和缓与急迫，也就是朗读或快或慢的速度变化。快速多用于表现兴奋、紧张、急迫和愤怒等感情；中速一般在感情起伏不大的情况下使用；慢速常用于表现庄严、沉思、平静、忧伤等感情。语速若处理得当，能起到渲染环境、烘托气氛、增强艺术感染力的效果。例如：

小船拼命往前摇。她们心里也许有些后悔，不该这么冒冒失失走来，也许有些怨恨那些走远了的人。但是立刻就想：什么也别想了，快摇，大船紧紧追过来了。（快速）

紫禁城是明朝和清朝两代的皇宫，是我国现存的最大最完整的古代宫殿建筑群，有五百年的历史了。（中速）

3月14日下午两点三刻，当代最伟大的思想家停止思想了。让他一个人留在房里还不到两分钟，当我们进去的时候，便发现他在安乐椅上安静地睡着了——但已经永远地睡着了。（慢速）

在大段的朗读中，应根据情节和感情变化，几种语速交替使用，以满足内容变化的需要。

5. 节　奏

节奏是指朗读过程中由声音抑扬顿挫、轻重缓急而形成的回环往复的形式。朗读时声音的节奏必须跟所叙述内容的节奏符合。常见的节奏类型大体有：

（1）轻快型。

这种节奏语速较快，词语密度大，声轻不着力，多用来描绘欢快、诙谐的情调。例如：

小草偷偷地从土里钻出来，嫩嫩的，绿绿的。园子里，田野里，瞧去，一大片一大片满是的。坐着、躺着，打两个滚，踢几脚球，赛几趟跑，捉几回迷藏。风悄悄的，草软绵绵的。

（2）沉稳型。

这种节奏语速沉缓，词语密度疏，音强而着力，常用来表现庄重、肃穆的气氛和悲痛、抑郁的情感。例如：

灵车队，万众心相随。哭别总理心欲碎，八亿神州泪纷飞。红旗低垂，新华门前洒满泪。日理万机的总理啊，您今晚几时回？长夜无言，天地同悲，只见灵车去，不见总理归。

（3）舒缓型。

这种节奏语速较缓，声音轻柔而不着力，常常用来描绘幽静的场面和美丽的景色，也可表现舒展的情怀。例如：

时序刚刚过了秋分，就觉得突然增加了一些凉意。早晨到海边去散步，仿佛觉得那蔚蓝的大海，比以前更加蓝了一些；天，也比以前更加高远了一些。回头向古陌岭上望去，哦，秋色更浓了。

（4）强疾型。

这种节奏语速较快，声音强劲而有力，常用来表现紧张急迫的情形和抒发激越的情怀。例如：

在苍茫的大海上，狂风卷集着乌云。在乌云和大海之间，海燕像黑色的闪电，在高傲地飞翔。一会儿翅膀碰着波浪，一会儿箭一般地直冲向乌云，它叫喊着……就在这鸟儿的叫喊声里，乌云听出了欢乐。在这叫喊声里……充满着对暴风雨的渴望！

在实际的演讲过程中，一篇作品的节奏不一定是单一的，往往随着内容和情节的变化而改变。因此，在演讲过程中，节奏必须因文而异，切忌死板单一。

第三节　普通话水平测试

普通话水平测试是在教育部、国家语言文字工作委员会领导下，根据《普通话水平测试大纲》规定的统一标准和要求，在全国范围内开展的一项测试。

普通话水平测试（PSC：PUTONGHUA SHUIPING CESHI）是对应试人运用普通话的规范程度、熟练程度的口语考试。考试形式为口试。普通话水平等级分为三级六等，即一、

二、三级，每个级别再分出甲乙两个等次；一级甲等为最高，三级乙等为最低。普通话水平测试不是口才的评定，而是对应试人掌握和运用普通话所达到的规范程度的测查和评定，是应试人的汉语标准语测试。应试人在运用普通话口语进行表达过程中所表现的语音、词汇、语法规范程度，是评定其所达到的水平等级的重要依据。

一、测试的内容和范围

普通话水平测试的内容包括普通话语音、词汇和语法。普通话水平测试的范围是国家测试机构编制的《普通话水平测试用普通话词语表》《普通话水平测试用普通话与方言词语对照表》《普通话水平测试用普通话与方言常见语法差异对照表》《普通话水平测试用朗读作品》《普通话水平测试用话题》。

二、普通话等级划分

普通话是现代汉语的标准语。由国家语言文字工作委员会和国家教育委员会、广播电影电视部颁布的《普通话水平测试等级标准（试行）》规定普通话等级和标准。省市级测试中心、测试站只能授予一级乙等以下（含一级乙等）的资格证书。一级甲等需要去国家语委测试中心考试，或者省级测试站报送国家语委测试站进行复审通过，方能授予一级甲等证书。

普通话水平分为三个级别：一级可称为标准的普通话，二级可称为比较标准的普通话，三级可称为一般水平的普通话。每个级别内划分甲、乙两个等次。三级六等是普通话水平测试中评定应试人普通话水平等级的依据。

（一）一级（标准的普通话）

一级甲等（测试得分：97分～100分）朗读和自由交谈时，语音标准，词汇、语法正确无误，语调自然，表达流畅。

一级乙等（测试得分：92分～96.99分）朗读和自由交谈时，语音标准，词汇、语法正确无误，语调自然，表达流畅。偶然有字音、字调失误。

（二）二级（比较标准的普通话）

二级甲等（测试得分：87分～91.99分）朗读和自由交谈时，声韵调发音基本标准，语调自然，表达流畅。少数难点音有时出现失误。词汇、语法极少有误。

二级乙等（测试得分：80分～86.99分）朗读和自由交谈时，个别调值不准，声韵母发音有不到位现象。难点音较多，失误较多。方言语调不明显。有使用方言词、方言语法的情况。

（三）三级（一般水平的普通话）

三级甲等（测试得分：70分～79.99分）朗读和自由交谈时，声韵母发音失误较多，难点音超出常见范围，声调调值多不准。方言语调较明显。词汇、语法有失误。

三级乙等（测试得分：60 分～69.99 分）朗读和自由交谈时，声韵调发音失误多，方音特征突出。方言语调明显。词汇、语法失误较多。外地人有时听不懂其谈话。

三、测试试卷内容及评分标准

普通话水平测试试卷由四个测试项构成，总分为 100 分。这四个测试项为：读单音节字词、读双音节字词、朗读短文、命题说话。

（一）读单音节字词

读单音节字词 100 个，考查应试人普通话声母、韵母和声调的发音。

要求：100 个音节里，每个声母出现一般不少于 3 次，方言里缺少的或容易混淆的酌量增加 1～2 次；每个韵母的出现一般不少于 2 次，方言里缺少的或容易混淆的韵母酌量增加 1～2 次。

评分：此项成绩占总分的 10%，即 10 分。读错一个字的声母、韵母或声调扣 0.1 分。读音有缺陷每个字扣 0.05 分。一个字允许读两遍，即应试人发觉第一次读音有口误时可以改读，按第二次读音评判。

限时：3 分钟。超时扣分（3～4 分钟扣 0.5 分，4 分钟以上扣 0.8 分）。

（二）读双音节字词

读双音节词 50 个，除了考查应试人声、韵、调的发音外，还要考查上声变调、儿化韵和轻声的读音。

要求：50 个双音节词可视为 100 个单音节词，声母、韵母的出现次数大体与单音节字词相同。此外，上声和上声相连的词语不少于 2 次，上声和其他声调相连不少于 4 次；轻声不少于 3 次；儿化韵不少于 4 次。

评分：此项成绩占总分的 20%，即 20 分。读错一个音节的声母、韵母或声调扣 0.2 分。读音有明显缺陷每次扣 0.1 分。

限时：3 分钟。超时扣分（3～4 分钟扣 1 分，4 分钟以上扣 1.6 分）

（三）朗读短文

朗读 400 字的短文。目的是考查应试人使用普通话朗读书面材料的能力，重点考查语音、语流音变、语调等。

朗读的短文从《普通话水平测试大纲》第五部分朗读材料（1～60 号）中抽选。

评分：此项成绩占总分的 30%。即 30 分。对每篇材料的前 400 字（不包括标点）做累积计算，每次语音错误扣 0.1 分，漏读一个字扣 0.1 分，不同程度地存在方言语调一次性扣分（问题突出，扣 3 分；比较明显，扣 2 分；略有反映，扣 1.5 分、1 分或 0.5 分）。

限时：4 分钟。超过 4 分 30 秒以上扣 1 分。

说明：朗读材料各篇的字数略有出入，为了做到评分标准一致，测试中对应试人选读材料的前 400 个字的失误做累积计算；但语调、语速的考察应贯穿全篇。

（四）命题说话

根据抽取的话题说一段话，时间3分钟，目的是考查应试人在无文字凭借的情况下说普通话所达到的规范程度。总分40分，其中语音标准程度为25分，词汇语法规范程度10分，自然流畅程度5分。

1. 语音标准程度（共25分，分为以下六档）

（1）一档：语音标准，或极少有失误。扣0分、0.5分、1分、1.5分、2分。

（2）二档：语音错误在10次以下，有方音但不明显（声、韵、调偶有错误但不成系统；语调偏误方面只单纯出现少数轻重音格式把握失当）。扣3分、4分。

（3）三档：语音错误在10次以下，但方音比较明显（声、韵、调出现1~2类系统性错误；有3类以内系统性缺陷；有语调偏误）；或语音错误在10~15次之间，有方音但不明显。扣5分、6分。

（4）四档：语音错误在10~15次之间，方音比较明显。扣7分、8分。

（5）五档：语音错误超过15次，方音明显（声、韵、调出现3.4类系统性错误；有3类以上系统性缺陷；有明显的语调偏误）。扣9分、10分、11分。

（6）六档：语音错误多，方音重（声、韵、调出现4类以上系统性错误，缺陷多，浓郁的地方特点发音，但尚能听出是普通话）。扣12分、13分、14分。

2. 词汇语法规范程度（共10分，分为以下三档）

（1）一档：词汇、语法规范。扣0分。

（2）二档：词汇、语法偶有不规范的（典型的方言词汇或方言语法）情况。视程度扣1分、2分。

（3）三档：词汇、语法屡有不规范的（典型的方言词汇或方言语法）情况。视程度扣3分、4分。

3. 自然流畅程度（共5分，分为以下三档）

（1）一档：语言流畅自然。扣0分。

（2）二档：语言基本流畅，口语化较差，有背稿子的表现。视程度扣0.5分、1分。

（3）三档：语言不连贯（长时间停顿或多次重复），语调生硬。视程度扣2分、3分。

4. 说话时长不足。

如果应试人说话停滞，经提示仍不能说满3分钟时，缺时1分钟以内（含1分钟），扣1分、2分、3分；缺时1分钟以上，扣4分、5分、6分；说话不满30秒（含30秒），本测试项计为0分。

四、普通话水平测试样卷

国家普通话水平测试题（1）

一、读单音节字词（100个音节，共10分，限时3.5分钟）

蹦　耍　德　扰　直　返　凝　秋　淡　似　炯　粗　袄　瓮　癣　儿　履　告

筒	猫	囊	驯	辱	碟	栓	来	顶	墩	忙	哀	霎	果	憋	捺	装	群
精	唇	亮	馆	符	肉	梯	船	溺	北	剖	民	邀	旷	暖	快	酒	除
缺	杂	搜	税	脾	锋	日	贼	孔	哲	许	尘	谓	忍	填	颇	残	涧
穷	歪	雅	捉	凑	怎	虾	冷	躬	莫	虽	绢	挖	伙	聘	英	条	笨
敛	墙	岳	黑	巨	访	自	毁	郑	浑								

二、读多音节词语（100个音节，共20分，限时2.5分钟）

损坏	昆虫	兴奋	恶劣	挂帅	针鼻儿	排斥	采取	利索	荒谬
少女	电磁波	愿望	恰当	若干	加塞儿	浪费	苦衷	降低	夜晚
小熊儿	存留	上午	按钮	佛教	新娘	逗乐儿	全面	包括	不用
培养	编纂	扎实	推测	吵嘴	均匀	收成	然而	满口	怪异
听话	大学生	发作	侵略	钢铁	孩子	光荣	前仆后继		

三、朗读短文（400个音节，共30分，限时4分钟）

一位访美中国女作家，在纽约遇到一位卖花的老太太。老太太穿着破旧，身体虚弱，但脸上的神情却是那样祥和兴奋。女作家挑了一朵花说："看起来，你很高兴。"老太太面带微笑地说："是的，一切都这么美好，我为什么不高兴呢？""对烦恼，你倒真能看得开。"女作家又说了一句。

没料到，老太太的回答更令女作家大吃一惊："耶稣在星期五被钉上十字架时，是全世界最糟糕的一天，可三天后就是复活节。所以，当我遇到不幸时，就会等待三天，这样一切就恢复正常了。"

"等待三天"，多么富于哲理的话语，多么乐观的生活方式。它把烦恼和痛苦抛下，全力去收获快乐。

沈从文在"文革"期间，陷入了非人的境地。可他毫不在意，他在咸宁时给他的表侄、画家黄永玉写信说："这里的荷花真好，你若来……" 身陷苦难却仍为荷花的盛开欣喜赞叹不已，这是一种趋于澄明的境界，一种旷达洒脱的胸襟，一种面临磨难坦荡从容的气度。一种对生活童子般的热爱和对美好事物无限向往的生命情感。

由此可见，影响一个人快乐的，有时并不是困境及磨难，而是一个人的心态。如果把自己浸泡在积极、乐观、向上的心态中，快乐必然会占据你的每一天。

四、命题说话（请在下列话题中任选一个，共40分，限时3分钟）

1. 难忘的旅行
2. 谈谈卫生与健康

# 第三章 命题演讲

演讲从表达形式上可以分为命题演讲和即兴演讲。命题演讲是由别人确定题目或演讲范围，演讲者经过准备后所做的演讲。

俗话说："巧妇难为无米之炊。"同样，精彩的命题演讲离不开好的演讲稿。要写一篇好的演讲稿首先要了解演讲稿的特点，并且从主题、选材、结构和修改几个方面着手。

第一节 演讲稿的特点

演讲稿又叫演说词，它是在大会上或其他公开场合发表个人的观点、见解和主张的文稿。它是成功进行演讲的必要条件和客观前提，演讲稿的好坏直接决定了演讲的成功与否。演讲稿至少有两个方面的作用：其一，通过对思路的精心梳理，对材料的精心组织，使演讲内容更加深刻和富有条理。其二，可帮助演讲者消除临场紧张、恐惧的心理，增强演讲者的自信心。

演讲稿像议论文一样论点鲜明、逻辑性强、富有特点，但它又不是一般的议论文。它是一种带有宣传性和鼓动性的应用文体，经常使用各种修辞手法和艺术手法，具有较强的感染力。

一、真情实感

演讲要感人，必须要真情实感。没有人愿意坐几个小时只为了听空话、大话。

【案例3-1】

曾任英国第八集团军司令的蒙哥马利将军在离任时发表了感人至深的告别演说。据将军回忆，与将士们告别是"最难的事"，当时心情异常激动，难以平静。所以他在致辞时充满激情：

在这里讲话很易激动，但我努力控制自己。如果说不下去时，请你们原谅。

我实在很难把离别之情适当地向你们表达出来……（别后）我对你们的思念……实非言语所能表达。

司令官与他的部队之间的相互信任是无价之宝。我激动得说不出话，但我还是同你们说…

以上所引只是不连贯的片段，但足以看出，将军为真情所动，越是压抑越是显得真挚、

深切,越是质朴越是感人,这些肺腑之言使得在场的所有将士潸然泪下。将军的真情动人至极。

【案例3-2】

美国作家海明威在诺贝尔文学奖授奖仪式上的书面发言中,对评委们表达了谢意并表示谦虚:

没有一个作家,当他知道在他以前不少伟大的作家并没有获得此项奖金的时候,能够心安理得领奖而不感到受之有愧。这里无须一一列举这些作家的名字。在座的每个人都可以根据他的学识和良心提出自己的名单来。

读完这段演讲词,我们发现海明威表达的谢意和谦虚并没有流于言不由衷的"寒暄式",究其原因,是因为海明威用深刻的道理来支撑真情的表露,因而把话说得深沉蕴藉、情浓意长。

近几年,演讲比赛成了比较流行的一种社会组织活动,尤其是在校园里。但是,有些演讲比赛越来越不能吸引人,很大一部分原因就在于,对于命题演讲尤其是主题较大的命题演讲,如爱国、爱党、社会责任一类的主题,演讲者往往不能从身边的小事切入来谈这类问题,而只知道空泛地赞美抒情,使得演讲内容空洞呆板,有时还有点矫情做作,失去了演讲本身的感召力和生命力,让听众厌烦。所以,现在最受欢迎的演讲,就是那种情真意切、以情取胜的演讲。

二、有对象感

演讲稿不是一般的文章,不能只讲求标题准确、词文达意。演讲从本质上来讲是一场口语交际活动,是要和对象进行交流、交际的活动。因此,演讲的时候一定要注意到对象的需求和心理特点,要有对象感。

演讲的对象和听众不一样,哪怕演讲稿一样,取得的效果也大有不同。听众的需求和喜好和他们自身的身份、职务、性别、受教育程度等密切相关,因此在演讲之前要先了解此次演讲的听众,了解他们的兴趣爱好。此外,还要根据听众的接受程度来确定演讲语言的雅俗程度以及演讲内容的深浅。

【案例3-3】

我国著名演讲家李燕杰在题为《心上绽开春花,芳草绿遍天涯》的演讲中,是这样说的:

我今天来参加"发扬雷锋精神,建设社会主义精神文明"的座谈会,心情十分激动。坐在这庄严肃穆的人民大会堂里,坐在先进青年的身边,我这个五十开外的人,似乎也变得年轻了许多。

今天我如同又回到了十九年前即1963年的春天,那年是我国经历了三年严重自然灾害、举国上下艰苦奋斗、奋发图强建设祖国的一年;是我国老一辈无产阶级革命家为雷锋题词的一年,也是雷锋精神大发扬的一年。

演讲者首先表明了参加座谈会的激动心情,接着表达了自己"坐在这庄严肃穆的人民大会堂里,坐在先进青年的身边"的真切感受,然后回想起1963年春天中国的困难局面和人民的精神面貌。这特定的时境，不仅重新激发起他的政治热情，而且使听众受到强烈的感染，也搭起了演讲者和听众进行现场交流的桥梁。

【案例 3-4】

我们来看看闻一多的《最后一次演讲》：

这几天，大家晓得，在昆明出现了历史上最卑劣最无耻的事情！李先生究竟犯了什么罪，竟遭此毒手？他只不过用笔写写文章、用嘴说说话，而他所写的、所说的，都无非是一个没有失去良心的中国人的话！大家都有一支笔、有一张嘴，有什么理由拿出来讲啊！有事实拿出来说啊！为什么要打要杀，而且又不敢光明正大地来打来杀，而偷偷摸摸地来暗杀？这成什么话？

今天，这里有没有特务？你站出来！是好汉的站出来！你出来讲！凭什么要杀李先生？杀死了人，又不敢承认，还要诬蔑人，说什么"桃色事件"，说什么共产党杀共产党，无耻啊！无耻啊！这是某集团的无耻，恰是李先生的光荣，也是昆明人的光荣！

去年"一二·一"昆明青年学生为了反对内战，遭受屠杀，那算是青年的一代献出了他们最宝贵的生命！现在李先生为了争取民主和平而遭受了反对派的暗杀，我们骄傲一点地说，这算是像我这样大年纪的一代，我们的老战友，献出了最宝贵的生命！这两桩事发生在昆明，这算是昆明无限的光荣！

我们看这三段话，的确非常精彩，演讲者悲愤的情绪溢于言表。细细来看这几段话，我们很容易就能够感受到这是在对着一群人讲的话，而且还非常有针对性。闻一多先生的《最后一次演讲》主题没有离开李先生的被杀，没有离开昆明，没有离开民主，这是讲给来参加李公朴先生追悼会的人们听的，讲给正义爱国的昆明人民听的，讲给为争取民主而奋斗的人们听的。在讲话的时候，演讲者心中非常明白这一点。我们写演讲稿的时候，也要注意心中时刻要有听众，要和听众"对话"。

三、语句简短有力

一般的演讲最好控制在 10 分钟之内，不要把时间拉得太长。言多无益，要学会适可而止。

【案例 3-5】

20 世纪 30 年代，一次，福州新闻文化界邀请文学家郁达夫去做一次学术性演讲。郁达夫对当时学术界那些冗长、空洞的演讲十分反感，认为这是空耗时间，对人对己都没有好处，他本来不愿意接受这次邀请，但由于盛情难却，最后还是去了。

他一到会场，就跑上讲台，在黑板上写了三个大字——"快短命"，随后朝台下看了看，开始了他的演讲："本人今天要讲的是文艺创作的基本概念，就是这三个字要诀：快——就是要写得快；短——就是精简与扼要；命——就是不离题、词达意。说话和作文都是一样的，都应遵守我现在所说的这个原则，不要说得天花乱坠离题太远，或者像缠脚布那样又臭又长。完了！"

随着一阵热烈的掌声，郁达夫结束了他的这次学术演讲。这篇演讲词，全文不足 100 字，真是"超短"型。但该说的都说了，听众也没有什么不解的，语言痛快淋漓，每一个听众恐怕对"快短命"三字都印象深刻。这近100字所带来的影响不弱于几千字甚至几万字的长篇大论,这才真正称得上简洁有力。

【案例 3-6】

  八十七年前,我们的先辈们在这个大陆上创立了一个新国家,它孕育于自由之中,奉行一切人生来平等的原则。

  现在我们正从事一场伟大的内战,以考验这个国家,或者任何一个孕育于自由和奉行上述原则的国家是否能够长久存在下去。我们在这场战争中的一个伟大战场上集会。烈士们为使这个国家能够生存下去而献出了自己的生命,我们来到这里,是要把这个战场的一部分奉献给他们作为最安息之所。我们这样做是完全应该而且非常恰当的。

  但是,从更广泛的意义上来说,这块土地我们不能够奉献,不能够圣化,不能够神化。那些曾在这里战斗过的勇士们,活着的和去世的,已经把这块土地圣化了,这远不是我们微薄的力量所能增减的。

  我们今天在这里所说的话,全世界不大会注意,也不会长久地记住,但勇士们在这里所做过的事,全世界却永远不会忘记。毋宁说,倒是我们这些还活着的人,应该在这里把自己奉献于勇士们已经如此崇高地向前推进但尚未完成的事业。倒是我们应该在这里把自己奉献于仍然留在我们面前的伟大任务——我们要从这些光荣的死者身上汲取更多的献身精神,来完成他们已经完全彻底为之献身的事业;我们要使国家在上帝福佑下得到自由的新生,要使这个民有、民治、民享的政府永世长存。

  这是1863年美国总统林肯在葛底斯堡公墓上的演讲。这篇演讲只有短短10句话,从上台到下台不过两分钟,可掌声却持续了十分钟。林肯的演讲不仅赢得了在场一万多名听众的热烈掌声,而且轰动了全国。当时的报纸评论说:"这篇短小精悍的演说是无价之宝,感情深厚,思想集中,措辞精练,字字句句都很朴实、优雅,行文毫无瑕疵,完全出乎人们的意料。"就连当时在场的美国前国务卿埃弗雷特第二天也写信给林肯道:"我用了两个小时总算接触到了你所阐明的那个中心思想,而你只用了两分钟就说得明明白白。"后来,林肯这次出色的演讲的手稿被收藏到图书馆,演讲词被铸成金文,存入牛津大学,作为英语演讲的最高典范。

  演讲要想取得较好的效果,语言必须简洁、精练、有力,要能使听者在较短的时间里获取较多而有用的信息。反之,空话连篇,言之无物,必然让人感觉索然无味。

第二节 演讲稿的主题与选材

一、演讲稿主题的确立

  叶圣陶说:"一场演出,必须是一件独立的东西……用口说也好,用笔写文章也好,总得对准中心用功夫,总得说写成功一件独立的东西。不然,人家就会弄不清你在说什么、写什么,而你的目的就难以达到。"

叶圣陶先生说的"独立的东西"就是主题。主题，也叫主旨、观点、中心思想，即演讲者通过全部演讲内容所表现的一种思想或意向，又是全部演讲稿组成部分的"统帅"、写作的指导。所以执笔写作，首先要确立主题。

演讲稿写作与文学创作不同：文学创作若先定主题易导致公式化、概念化，被称为"主题先行论"；而演讲稿写作动笔前必须把主题确定下来，并在它的领导下调动材料、安排结构、运用语言，并最终形成文稿。

一篇演讲稿不论长短，都应有一个贯穿始终的思想，确立主题的过程就是这一思想由散到聚、由隐到明、由浅到深的过程。写演讲稿时，要善于分析问题，透过事物的表象看本质，对客观事物的各个方面、各个层次、各个因素进行分析，从而把握本质和规律。

演讲稿主题的确立应注意以下几点：

（1）主题要科学、正确、积极、进取。演讲是一种宣传的工具，不同的人使用它可以达到不同的目的，关键就是要看演讲者确立了一个什么样的演讲主题。所以，我们在写作演讲稿时，在确立主题前就一定要考虑到它的正确性、科学性、积极性，千万不要把那些颓废、消极甚至反动的思想传播给听众。

（2）主题要符合时代精神、符合听众心理。我们的演讲是给人听的，无论是哪一种演讲，最终目的都是为了教育听众、宣传真理、感染听众，所以我们在确立选题时，就要从既跟得上当前的时代形势和社会发展，又符合听众心理要求的角度去考虑。

（3）主题要鲜明突出。要让听众一听就知道演讲者的思想、主题，赞成什么，反对什么，爱什么，恨什么，都要从演讲者的演讲中表现出来，态度要明确，旗帜要鲜明，不要模棱两可，含糊其词或者前后矛盾。主题是演讲稿的灵魂，渗透在演讲稿的字里行间，在整个演讲稿中起着统帅的作用，素材、结构、语句都是为表现主题服务的。因此，在写作演讲稿时，选材、安排结构、遣词造句都要紧紧地围绕着主题来进行。

毛泽东同志的每一篇演讲稿都充分体现出了鲜明的主题、坚定的立场。在《整顿党的作风》的演讲中，他说："反对主观主义以整顿学风，反对宗派主义以整顿党风，反对党八股以整顿文风。"只有这样鲜明的态度才能引起群众的共鸣，产生极大的感染力。

（4）主题要集中单一。即一篇演讲稿只能集中地讲述一种思想或主题，主旨分散或多中心会导致演讲内容杂糅冗长，听众听了也会糊里糊涂，压根不知道你想要做什么，想要通过演讲表达什么。心理学家詹姆斯说："在一小时的演讲中，只可以提一个要点。"演讲自始至终都要围绕这一要点进行。否则，主题散乱，中心不突出，就难以给听众留下深刻的印象，达不到演讲的目的。

（5）演讲稿主题的提炼，还要注意从复杂的社会生活现象中得出深刻的人生感悟。邹韬奋先生1936年10月19日在上海各界公祭鲁迅先生大会上发表演讲，仅用一句话将鲁迅先生战斗不屈、革命到底的形象做出深刻概括："今天天色不早，我愿用一句话来纪念先生：许多人是不战而屈，鲁迅先生是战而不屈。"这是对鲁迅先生一生精练而深刻的总结，也是对听众的号召。

二、演讲稿的选材

如果说主题是演讲稿的筋骨，那么材料就是演讲稿的血肉。材料是论证观点的依据，也是激发听众兴趣，引起听众共鸣的直接材料。材料在吸引听众、表达主题方面起着重要的作用，所以材料的选取是演讲稿写作中的一个重要环节。

1. 选材的步骤和方法

首先要对材料进行分析。材料是客观存在的，它包含一定的内容，能说明一定的问题，但是并不直接显露出来。这就需要我们对材料进行分析，看能从哪些方面进行分析，能说明哪些问题或哪些观点。

其次，在分析的基础上鉴别。把它们的本质意义和所能说明的问题做比较和鉴别，把与演讲主旨相关的留下，不相关的舍去。

2. 选材的途径

材料的收集主要有两个途径：直接材料和间接材料。

（1）直接材料。

所谓直接材料就是演讲者自己的思想和经验，自己在日常的工作、学习、生活中的所见、所闻、所感、所想，是演讲者自身通过对社会生活的观察、体验、感受、研究所得到的第一手材料。

另外，亲自调查得来的材料也属于直接材料，由于这种材料出现频率较高，有时容易被忽略，因此，我们必须养成勤记录、整理的习惯。这种材料虽然不是自己的经历，但由于经过亲自调查，我们对事件产生的背景、经过、结果了解得清清楚楚，讲起来便头头是道、得心应手，极易赢得听众的信任。

常言道："事事留神皆学问。"在日常生活、工作、学习中，处处留神观察，认真体验，便能获得许多材料。

【案例3-7】[①]

我出生在肥东（县）的一个农户家庭，出生的时候脚先落地，头被卡住了，一连几个小时都下不来。我出生的时候没有呼吸，赤脚医生就逮着我的腿，头朝下使劲地抖，一直抖了十个小时，我才有了第一声微微的哭泣，就这样我活了下来。我九岁的时候上小学，我记得从我家到小学之间有一条沟，别人很容易就能跨过去，我却跨不过去。我也不愿意我的父母天天背着我送我上学，我试着蹲下去趴在地上，爬下去然后再爬上来，我就这样过去了，也许上天从我小时候就告诉我：人生没有过不去的坎。

我上高中那年，我中考的分数在我们县里名列前茅，我被一个重点高中录取了，我把学费也交了，床单也铺了，突然间被校长看见了，校长就很惊讶地看着我说："我们学校怎么来了一个残疾人？"然后在几分钟之内把我和我父亲以及我的行李踢到校门之外，然后指着我说："就算你考上大学也没有学校要你，你还耽误我一个名额。"我爸当时就跪了下来，一跪就是两个小时，我恨、我恨、我恨，我恨命运对我这么不公平，为什么、为什么、为什么？我爸用双手捧着我的脸对我说："万志，你听着，没有为什么，抱怨没有用，书还要不要读？"我说要。我爸说："那么回家吧，一切靠自己。"上大学之前，我真的害怕没有大学收我，我选择了一个比较偏僻的、离我们家很远很远的一所大学，很幸运我被录取

[①] 摘自安徽卫视《超级演说家（第三季）》2015-05-16期，有删改。

了。大学毕业以后，我和所有的大学毕业生一样面临着找工作的问题，我天天跑人才市场，投了上百封简历，没有一家单位要我。记得最后一次，我很早很早就去排队，排在第一位，而面试的招聘官看到我，指着我就说："你快走开，你快走开，别挡着后面的人。"

从那以后我再也没有去找工作。那天走在大街上，风好大，我的眼泪再也忍不住地滚了下来，我心里非常地绝望，"我要养活我自己，我要养活我自己，我要养活我自己！"那个声音就在我心里"嘣嘣嘣"地敲打着我，我就想起了父亲的话："抱怨没有用，一切靠自己。"我改变不了现实，我就改变我自己，我已经不在乎别人对我的看法，也不再抱怨，甚至不再难过。我去摆地摊，卖旧书、卖卡片，一顿饭当两顿吃。就这样坚持了半年，我开了自己的一个小书店，后来开音像店、开超市、开网吧。我的书店被烧过，我的超市被偷过，我的网吧被拆了一次又一次。之后我又开始开网店，我把我的几年积蓄的二十多万一下子亏光了。再后来我又开网店，又成立自己的电子商务公司，然后欠了外债四百万。但是所有的委屈，所有的挫折，所有的痛苦我埋藏在心里，我说不出，我也不想说，因为我知道抱怨没有用，一切靠自己。就这样我坚持、坚持、坚持下去，一直把我们的旗袍做到网上商城第一名。

走到今天我回头再看，看我走过的这些经历、这些挫折，原来都是上天对我最好的安排。世界是一面镜子，照射着我们的内心，我们内心是什么样子，这个世界就是什么样子。选择抱怨，我们内心就充满着痛苦、黑暗和绝望；选择感恩，我们的世界就充满着阳光、希望和爱。

以上是崔万志在电视节目《超级演说家》上的演讲——《不抱怨，靠自己》。崔万志围绕自己的亲身经历，讲到自己上学被顶替和找工作被拒绝的曲折经历时语调缓慢，情绪低缓悲凉；讲到自己做旗袍做到网上商城第一时又轻快自豪，充满感情，拨动了无数听众的心弦，也鼓舞了无数观众。

（2）间接材料

间接材料是指通过间接手段得到的材料，如别人的经历、体会、经验教训，报刊、书籍、文献上的内容，权威人士的研究结论、报告等。这些都是广泛的材料来源。借鉴这些材料要以敏锐的洞察力进行思考、琢磨，不可人云亦云；要从中发掘新意，使之具有新的色彩。

间接材料的获得主要靠日常的积累。

【案例3-8】

林肯是著名的演讲家。按照当时美国的风俗习惯，林肯经常戴一顶高帽子，他总是随时抄写记事，东一句，西一句，记在碎纸片上、旧信封上、破包装纸上，把它们放在自己的帽子里，空闲时便取出加以整理，分门别类抄在本子上，以备将来演讲使用。美国19世纪的大演讲家维德摩迪也与林肯相似，当他选择了一个好的题目后，就把题目写在一个大信封上。他有许多这样的信封，当他读书看见了好的材料时，就把它们抄录下来放入对应题目的信封里，他还经常带着一个记事本，把别人演讲的材料记下，也放入信封里。当他需要时，便取出所有的材料进行整理。

总结前人收集材料的经验，可以得出一个字"勤"，勤听、勤看、勤写、勤抄、勤整理，不厌其多，敢于采撷，积少成多。这种工作是琐碎的，但又是演讲成功的必由之路。我们要善于利用收集的材料进行归纳、研究、分析，发掘出新意，提出自己的观点和见解。

3. 选材的原则。

（1）要围绕主题选取材料。

主题是演讲稿的思想观点，是演讲的主旨所在。演讲是一个"真实的社会活动过程"，撰写演讲稿必须围绕主题选择材料，同时，选择的每个材料都必须紧扣主题，为主题服务。在选材时，要把材料的本质意义和所能说明的问题进行比较和鉴别，凡是能充分说明、突出、烘托主题的材料应加以选用，否则就要舍弃，无论这些材料多么新颖有趣或引人深思，只要是与主题无关，都要无情地舍去，一定要保证材料与主题的统一。

（2）选取的材料应具有针对性。

这里说的针对性是指在选材时要充分考虑到具体的场合、情境以及听众的具体情况。听众的政治素质、社会地位、文化程度以及心理需求等，都对演讲有制约作用。因而，选用的材料要尽量贴近听众的生活，这样不仅能使他们心领神会，而且听起来也会饶有兴味。

一般而言，对青少年的演讲应形象有趣、寓理于事，举例要尽量选择他们所崇拜的人和有轰动效应的事；对工人、农民的演讲，要生动风趣、通俗浅显，尽可能列举他们周围的人和发生在他们中间的事例；而对知识分子的演讲，使用材料则必须讲究文化层次。

【案例3-9】

近年来，著名健康问题专家洪昭光教授通过举办健康讲座，面向全社会传播科学的健康知识，受到大众的欢迎和媒体的好评。在一次题为《生活方式与身心健康》的演讲中，他这样分析和讲解遗传的影响：

遗传的影响，我们用一个简单例子来说明一下。小白兔应该吃什么呢？本应该吃萝卜，但假如从今天开始，让小白兔改吃鸡蛋拌猪油，蛋黄胆固醇高，猪油是动物脂肪，四个星期胆固醇增高，八个星期动脉硬化，十二个星期小白兔个个得冠心病。下面，我们换用北京鸭子做实验，让它吃蛋黄拌猪油。结果很奇怪，鸭子怎么吃，天天吃，胆固醇不高，动脉也不硬化，更没有冠心病。咦！这就奇怪了，怎么兔子一喂就动脉硬化，鸭子就没有动脉硬化呢？道理很简单，兔子是兔子，鸭子是鸭子，遗传不同啊。人也是一样：为什么张三一吃肥肉，胆固醇高，动脉就硬化，冠心病也来了；而李四天天吃肥肉，他什么事也没有？因为张三是兔子型的，李四是鸭子型的，鸭子型就没事，你兔子型就倒霉，先天性倒霉。为什么有人你看他吃得并不多，可就减肥不下来，那个吃得很多的人却胖不了？就因为人类型不同，有些东西遗传100%。有些遗传是一个倾向，高血压、冠心病是另一个倾向。

洪教授明白，这次听他演讲的人，大多是关注健康的普通群众，如果他一味使用专业术语进行讲解，就会使讲座变得曲高和寡、索然无味。因此，他在讲解有关医学知识的时候，选用一些通俗易懂的事例加以论证，深入浅出地说明了不同类型的人的遗传差异及其与疾病之间的关系，让听众懂得了高血压、冠心病的遗传倾向对人的致病影响。

选择符合听众心理需求的材料，往往也会收到较好的效果。

【案例3-10】

2007年4月5日，著名女作家毕淑敏的心理励志小说《女心理师》的首发式在北京市监狱举行。同时，重庆出版集团向监狱捐赠了《女心理师》和《忧郁》等心理书籍，此举的目的是想唤起公众对心理话题，尤其是对特殊人群心理健康问题的关注。面对众多服刑人员，毕淑敏发表了题为《世界上最大的勇气莫过于相信奇迹》的演讲，她充满真情地讲道：

"心理是身体的奇迹，人获得幸福与否取决于心理是否健康。曾有一家报社做过一个调查：谁是世界上最幸福的人。结果最幸福的人依次为：给孩子刚洗完澡，怀抱婴儿微笑的母亲；刚给病人做完手术，目送病人出院的医生；在沙滩上筑起沙堡，看着成果的孩子；写完小说最后一个字，画上句号的作家。看完这个消息，我有深入骨髓的悲哀。这些幸福，我几乎都曾拥有，但自己却感觉不到，是幸福盲。因此，幸福关键在于我们发现幸福的目光，在于内在的把握、永恒的感情和灵魂的拯救。"

毕淑敏深知，这些服刑人员中的大多数人是因出现心理困惑和精神空虚而触犯刑律的，她们渴望幸福的生活，却不懂什么是真正的幸福，为了所谓的"幸福"，她们不择手段，铤而走险，最终走上了犯罪道路。于是，她针对这些特殊听众的心理困惑和精神需求，首先揭示了心理健康的重要性，接着引述了一个关于"谁是世界上最幸福的人"的调查材料，然后表达了自己是"幸福盲"的真实感受，最后得出结论：幸福的关键在于"我们发现幸福的目光"，在于"内在的把握、永恒的感情和灵魂的拯救"。她的演讲，重在心理分析和精神引导，既让服刑人员感到亲切，又能促使她们自我反省，从而达到针对听众进行心理矫正的目的。

总之，有针对性地选用材料，时刻把听众的愿望、想法、利益放在心上，才能使演讲吸引听众。

（3）要选择新颖、感染力强的材料。

从心理学角度来看，新奇的刺激会引起精神上的愉悦和兴奋。选择新颖典型的材料，能引起听众的兴趣。材料再好，用得过多，流传过广，也会缺少新鲜感。因此，演讲者在组织演讲时就要注重选用那些新鲜的、感情饱满的材料。

【案例3-11】

在一次话题为"机会"的演讲中，一位久经商场的成功人士做了题为《机会就在凶险面目的背后》的演讲。他是这样讲的：

有一位推销员出差，不幸遇到了劫机。在经过多方与歹徒长达13个小时的惊心动魄的周旋之后，乘客终于有惊无险。这个推销员拎着箱子准备出舱时，又猛然停了下来。他想，这样的事件一定少不了记者采访。于是，他忙打开箱子，找出一张公司的广告宣传单，在背面写道："我是××公司的推销员，我和××牌数码相机安然无恙。"他高举着宣传单一出机舱，果然就吸引了众多媒体记者的"长枪短炮"，瞬间，这位推销员成了这次劫机事件中的明星。其公司的××牌数码相机也因此在一夜间变得家喻户晓，公司的订单一份接一份。董事长激动地夸奖他是最优秀的推销员，并提升他为主管营销的副总经理。一桩众人眼中的倒霉至极的"事故"，就这样被推销员机智地改写成了"机会"。什么是机会，机会往往戴着令人可怕的凶险的面具，很多人会被"凶险"吓得手足无措，直至与机会擦肩而过却不知。唯有那些始终牵挂着、寻找着机会的人，才能透视"凶险"的面目，发现并抓住机会。

一般人讲"机会"，要么是人为地努力创造，要么是瞎猫撞上了死老鼠，要么就是天时地利，上帝也青睐。而这个演讲所讲的机会非同一般，其材料很是新奇独特，某公司推销员透视"凶险"的面目，危中见机，机智地变劫机为良机，不仅推销获得巨大的成功，而且自己也被提拔为副总经理。听众听完这个传奇般的故事后,在觉得新奇过瘾的同时,也就自然而然地信服了演讲的主题——机会就在凶险面目的背后。

【案例 3-12】

一场主题为"自信"的演讲比赛,有位演讲者的题目是《我是拿破仑的孙子》,其演讲的主体部分是这样的:

亨利在 30 岁的时候,还是美国的一个失业移民,靠失业救济金生活。整天无所事事地躺在公园的长椅上,感叹命运的不公。有一天,他的一位朋友带来一个消息:"我看到一篇文章,说拿破仑有一个私生子又生了一个儿子。他的全部特征都跟你相似:个子矮小,讲一口带法国口音的英语。""真是这样吗?"亨利半信半疑,但他还是愿意把这一切当作真的。"我真的是拿破仑的孙子。"渐渐地,这个挥之不去的意念使他的整个人生改变了。以前因为个子矮小而充满自卑,现在他却因此而自豪:我爷爷就是靠这种形象指挥千军万马的。以前总觉得自己的英语发音不标准,像个乡巴佬,现在却因自己带一点法国口音而感到悦耳。凭着自己是拿破仑孙子的信念,他克服了种种困难,终于成了一家大公司的董事长。后来,他调查了自己的身世,知道自己并不是拿破仑的孙子。但亨利并不感到沮丧,他说:"我是不是拿破仑的孙子并不重要,重要的是我心中有了拿破仑孙子的自信,它让我成功了。"

这篇演讲在该场演讲赛中脱颖而出,一举夺魁。其原因就在于演讲者所选择的材料新颖,是听众闻所未闻的,可谓一语惊四座。它没有大谈自信的意义与必要,而是从一个侧面讲了一个鲜活的生活故事:一直无所事事的亨利,当心中埋下"我是拿破仑的孙子"这颗自信的种子后,便从自卑走向了自豪,战胜了种种困难,由一个失意者成长为一家大公司的董事长。虽然,亨利后来知道自己并不是拿破仑的孙子,但是他心中已树起一面自信的旗帜。这则故事令人耳目一新,入了听众的心窝,也激发了听众的奋进之心。

可见,材料新颖,演讲便能抓住听众。而要做到材料新颖也并不是难事,我们可以选用新鲜的生活故事,从一个侧面巧妙地展现主题,可以透视生活中人们已知的现象,危中见机,挖掘新颖奇特之处。运用这些新颖别致的材料,不仅使主题表现得更深刻、更有力,还能刷新听众的耳朵,擦亮听众的眼睛,紧紧抓住听众的心。

第三节 演讲稿的结构

一篇完整的演讲稿首先要有标题,演讲稿的结构分开场、主体、结尾三个部分,其结构原则与一般文章的结构原则大致一样。但是,由于演讲是具有时间性和空间性的活动,因而演讲稿的结构还具有其自身的特点,尤其是它的开头和结尾有特殊的要求。

一、标 题

一篇文章最先让读者看见的是标题,一篇演讲稿最先让听众听到的也是标题。人们常把标题比作文章的眼睛。这种比喻形象地说明了标题在文章中的重要作用。演讲稿的标题,是演讲稿不可缺少的有机组成部分,是一篇演讲稿的定音之弦。演讲标题涉及演讲稿内容的整体布局,关系到演讲开始能否抓住听众的欣赏心理,吸引听众,并自然地引出演讲内容。演讲稿标题拟制得好,不但可以引起听众的注意,吸引听众听讲,而且还能起到概括文章的思想内容,突出演讲的中心论题,明确演讲所要讨论的特殊对象或所涉及的特定场合及其范围等作用。

因此,好的演讲稿必须有一个鲜明生动、富有吸引力的演讲标题。

(一)标题的类型

演讲稿标题的类型,常用的一般有下列几种:

1. 提要型

提要型的标题,即标题概括演讲的基本内容,把演讲内容的核心简明地提示出来。如:

《人总是要点精神的》

《在磨难与痛苦中创造亮丽的人生》

《坚定信仰,弘扬美德》

《没有金钱并非"万万不能"》

这种类型的标题,有利于集中表达演讲者的思想,使听众一听便知道演讲的中心问题,在思想上打下一个烙印,有利于听众领会、吸收。

2. 象征型

象征型的标题,即运用比喻或象征等修辞手法,把抽象的哲理或某种特殊意义具体化、形象化,从而深入浅出地揭示主题。如:

《让美的横杆不断升高》

《扬起生命的风帆》

《托起新世纪的彩虹》

《父爱将我举过命运的栏杆》

第一个标题用"横杆"作比,把本来抽象的"美"具体化、形象化;第二个标题,演讲者巧比妙喻,赋予理想信念以生命、感情和思想,鼓励青年荡起双桨,乘风破浪,借此鼓励青年奋发进取。

这种类型的标题,一般具有强烈的感情色彩,容易引起听众感情上的共鸣,强化演讲效果。

3. 含蓄型

含蓄型的标题,即运用伏笔,造成悬念,引而不发,撩拨听众思维。用婉转的话来烘托或暗示某种内涵,让人思而得之,而且越思考含义越多。如:

《逐日立杖铸丰碑》

《红绿灯下赤子情》

《蜡炬成灰泪始干》

4. 警醒型

警醒型的标题,即运用名言警句,立片言以居要,提醒、劝谏、鼓励听众,以激发听众的警觉，使之猛醒。如：

《忧劳可以兴国，逸豫可以亡身》
《天下兴亡，匹夫有责》
《有志者事竟成》

5. 设问型

设问型标题，即通过设问，提示演讲所涉及的内容，而演讲内容则是对标题设问的回答。如：

《人生的价值何在？》
《我们应该怎样爱孩子？》
《他们很傻吗？》

6. 抒情型

抒情型标题，即抒发情感，以情感人，具有浓烈的感情色彩。如：

《自豪吧！光明的使者》
《我爱长城，我爱中华》
《党啊，亲爱的妈妈》

标题的类型绝不仅限于上述几种。好的标题往往很难一下确定下来。很多演讲常常在准备好演讲内容后，还苦于找不到合适的标题。许多标题的拟制和提炼，要经过反复推敲，深思熟虑，有的甚至是"煞费苦心"。

（二）标题的要求

1. 标题要贴切

贴切的含义有二：一是演讲的标题要与演讲内容和谐统一，标题含义的大小、宽窄要与演讲的内容一致；二是拟制演讲标题时，要使用准确、恰当的词汇和语句，不能使用含糊笼统、艰深晦涩、令人费解的词汇和语句。标题晦涩，令人费解，就引不起听众的兴趣，从而影响听众认真听讲的情绪。

比如《葡萄与大学生》《五彩石》等这样的题目让人摸不着头脑，不知道要表达什么，这样，听众自然就失去了听的兴趣。还有《我自信》《理想篇》《责任》等，这样宽泛、不着边际的题目听众根本捕捉不到演讲的范围和内容，也不会愿意听讲。

2. 标题要简洁

演讲的标题要有概括性，要用最简洁的语言表达最丰富的内涵，即所谓"意唯其多，字唯其少"。一般地讲，演讲的标题要概括演讲的基本内容，或者反映演讲的中心论题。从语言表达角度来看，精心拟制出的演讲标题，要尽可能做到简短、有力，字少意多，言简意深。如果标题过长，比如《祖国儿女在为中华腾飞而拼搏》这样的标题就太长，显得散漫无力，分散听众的注意力。简洁的题目，能让人留下深刻的印象。

鲁迅先生的五本文集（《彷徨》《呐喊》等），共69篇文章，标题字数总共只有214个，平均每个标题只有3.1字，真可谓字字珠玑、言简意赅。

《三尺讲台，千金重任》《不抱怨，靠自己》《爱是什么》《自学可以成才》《心底无私天地宽》《教育的意义》等演讲题目不仅简短，而且有力。

而《祖国儿女在为中华腾飞而拼搏》《勿让爱国再次成为镜中花水中月》这类题目就显得冗长，不仅读起来拗口，而且不醒目，也不易记。

3. 标题要醒目悦耳

演讲稿的标题就是演讲稿的"前额"和"眼睛"。因此，演讲标题一定要新，要奇。新而奇才能醒目。由于演讲稿语言有声音的要求，故演讲稿标题不仅要醒目，而且要上口，更要悦耳，要使演讲稿标题念出来有音乐般的美感。

比如《我对文明之管窥》这个演讲标题，"管窥"是书面语体中文言特征较强的词，在口语体中使用频率极低，把这个作为演讲标题，显得别扭拗口，而"之"字又增加了陌生感，增加了听众理解的难度，使得整个演讲标题不上口，也不悦耳。

又如《在本职工作中放飞青春的梦想》这一标题不是太长，但不易让听众把握重心。如将标题改为《立足本职工作，放飞青春梦想》，总字数虽没有减少，但对听众而言，标题中的停顿降低了听与理解的难度。修改后的标题运用了对偶，语音上显得更为严整，听起来也更舒服悦耳。

二、开 场

演讲的开场，在演讲稿的结构中处于重要的地位，在演讲中起着导入演讲的作用。演讲稿的开头包含三个部分：称呼语、开场白和开头。

（一）称呼语

演讲中无论开头、中间、结尾都可以适当地运用称呼语。得体的称呼语可以把演讲者的感情传导给听众。容易让听众与演讲者同欢乐、同伤悲、共希望、共思索。演讲中的称呼语可分为泛称和特称两种形式。

泛称是指不分职业、不看年龄、不管层次的统称。这种称呼语广泛用于多层次听众参与的演讲。如"各位朋友和同胞""我的朋友们"，一般的还有 "朋友们""同志们""同伴们""各位小姐先生们""女士们，先生们""有相同爱好的青年朋友们""姐妹们"等。

特称是指在一些特殊行业、特殊年龄、特殊层次的听众面前用的称呼语。如："副总统先生、议长先生、参众两院各位议员先生"（见 1941 年 12 月 6 日罗斯福的《要求国会对日宣战》），"总理先生、中华人民共和国和美利坚合众国的我们十分尊贵的客人们"（见 1972 年 2 月尼克松《在答谢宴会上的祝酒词》）。2014 年 11 月 9 日，亚太经合组织工商领导人峰会开幕式在国家会议中心举行，习近平发表题为《谋求持久发展　共筑亚太梦想》的演讲，他在开场白中使用的称呼语是"尊敬的智利总统巴切莱特女士，尊敬的世界贸易组织总干事阿泽维多先生，女士们，先生们，朋友们"，对出席开幕式的两位高级别人物单独致敬。

称呼语要能反映出对方的身份、地位和双方的关系，更重要的是表达出演讲者的感情，拉近距离。无论是泛称还是特称均要做到以下几点：

1. 称呼语要准确得体

演讲所面对的听众不同，与会者不同，称呼也不尽相同。演讲时要根据不同的听众使用不同的称呼语。演讲中最常用的是泛称，有时候仅用一两个称呼语就概括了所有听众。2014年12月20日，习近平在庆祝澳门回归祖国15周年大会暨澳门特别行政区第四届政府就职典礼上发表重要讲话，使用的称呼语是"同胞们，朋友们"，就涵盖了所有与会人员。

在一些特殊的会议上要使用特殊的泛称称呼语。比如党的会议多使用"同志们"，代表会议多使用"各位代表""各位委员"等。2014年10月8日，习近平在党的群众路线教育实践活动总结大会上做重要讲话，使用的称呼语是"同志们"。2014年3月5日，李克强在第十二届全国人民代表大会第二次会议上做政府工作报告，使用的称呼语是"各位代表"。

2. 称呼语的顺序要得当

演讲时称呼语要有顺序。依据通常习惯，应该按先长后幼、先上后下、先重后轻、先疏后亲、先宾后主的次序来进行称呼。

如果是多个人，一般按职务高低安排称呼的顺序，主要领导在前，次要领导在后，其后一般加上职务，比如"×××书记""×××处长""×××主任""×××经理"或者"×××女士""×××先生"等，这是一种高地位优先原则的称呼方法。这一原则同样适用于泛称，比如称呼"老师们、同学们"等。比如：2014年9月9日，习近平与北京师范大学师生代表座谈，他在讲话中使用的称呼语是"各位老师，同学们"，将"老师"放在前面，"同学"放在后面，遵循的就是这种先高后低的原则。

如果职务相同，可以按照女士优先的原则先称呼女性，"女士们，先生们，朋友们"的称呼语就是按照这一原则排列的。当女士优先原则与高地位优先原则发生冲突时，应采用高地位优先原则。

3. 称呼语要发自内心

使用称呼语要句句有义，字字含情。语气要亲切，语速要缓慢。景克宁有次到山西一所农业大学演讲，面对大学生他是这样称呼的："三晋热土，大地之子，绿色生命的守护神。"

4. 称呼语适时适度

使用称呼语可在开头结尾处，也可在感情高潮处。如诺曼底威廉大公的一段演讲："我的勇士们啊！一个屡战屡败，对军事无所知，连弓箭都没有的民族竟能陈兵列阵挡住我们，这岂不是奇耻大辱！背信弃义的哈罗王竟敢露面和你们作战，岂不叫人羞耻？令我十分惊异的是，将你们的亲属和我的族人艾尔弗雷德斩首，犯下滔天大罪的凶犯仍未授首。勇士们，高举战旗，奋勇前进吧！你们的叱咤之声将震动山河，东西回荡！你们的刀剑之光将气冲斗牛！"

要注意的是，演讲中的称呼语不要过多，过多会使演讲偏于空泛。

5. 称呼语可直接与感叹句、反问句、双重否定句连用

称呼语与感叹句、反问句、双重否定句连用，更能表达出一种强烈的肯定感情。起到振聋发聩、掷地有声的作用。如："难道还要我再说吗？朋友们，这令人咬牙切齿的税耗子就是这样地吞噬着国家的财产，他们难道不该受到法律的严惩吗？"

（二）开场白

演讲开头的寒暄部分叫开场白。瑞士作家温克勒说："开场白有两项任务：一是建立说者与听者的同感，二是如字义所释，打开场面，引入正题。"好的开场白能拉近演讲者与听众的距离，快速吸引听众。

开场白的形式有以下几种。

1. 楔子式

用几句诚恳的话同听众建立个人间的关系，获得听众的好感和信任。例如澳洲总理陆克文在北京大学的演讲开场白：

尊敬的各位来宾，女士们、先生们、学生们：

你们为什么不去上课？功课都做完了吗？校长刚才说我的汉语说得很流利。他说客气话了，我的汉语是越来越差了，众所周知，中国有句话叫："天不怕，地不怕，只怕老外说中国话。"

陆克文的开场白运用的就是楔子式的开场白，一开头就点到了校长，说校长表扬"我汉语说得很流利"，既和在场的校长建立了联系，又带有西方人的幽默诙谐，拉近了同在场听众之间的距离。

2. 即景发挥式

演讲者以眼前的人、事、环境或景为话题，引申开去，一步一步地把听众带入到演讲中来。即演讲者以现场的事物为例，来说明某种道理；或者在特殊情况下，随机应变，采用机智巧妙、信手拈来的即兴发言，缩短演讲者与听众之间的距离，增强演讲的互动性和感染力。例如：

有一位女嘉宾在观众的掌声中款款地走上讲台，但她一不小心踩到了自己的连衣裙，竟然摔倒在讲台上，于是，座席上一片惊讶声。只见女嘉宾爬起来后，不慌不忙地走到话筒前，开口所说的第一句话是："谢谢大家的关心，我刚才是为大家那出乎意料的热烈掌声所倾倒了……"话还没说完，如潮水般的掌声再次响起。

又如：

在一场中小型的报告会上，某演讲嘉宾上台后先这么说："刚刚上来的时候，我发现在座的一位男士非常面熟，好像我以前的一位老朋友。但我走近一看，又不是。不过，也没关系啦！我想既然我们在此已经熟悉了，今后不是就成为朋友了吗？所以，我今天要讲的，就是作为大家的朋友的一点个人想法而已，我非希常望今天的讲座能给大家带来帮助……"

即景式开场白不是故意绕圈子。运用此方法时，要点到为止，不能过度发挥、漫无边际地东拉西扯，甚至没完没了，否则会冲淡主题，会使听众感到倦怠和不耐烦。

3. 激发式

演讲者可以提出一些激发听众思维的问题，把听众的注意力集中到演讲中来。例如比尔·盖茨在哈佛大学2007年毕业典礼上的演讲：

有一句话我等了三十年，现在终于可以说了："老爸，我总是跟你说，我会回来拿到我的学位的！"

我要感谢哈佛大学在这个时候给我这个荣誉。明年，我就要换工作了（注：指从微软公司退休），我终于可以在简历上写我有一个本科学位，这真是不错啊。

我为今天在座的各位同学感到高兴，你们拿到学位可比我简单多了。哈佛的校报称我是"哈佛大学历史上最成功的辍学生"。我想这大概使我有资格代表我这一类学生发言。在所有的失败者里，我做得最好。

但是，我还是要提醒大家，我使得 Steve Ballmer 也从哈佛商学院退学了。因此，我是个有着恶劣影响力的人，这就是为什么我被邀请来在你们的毕业典礼上演讲。

如果我在你们入学欢迎仪式上演讲，那么能够坚持到今天毕业的人也许会少得多吧。

比尔·盖茨这段开场白运用的是激发式的演讲开场白，既幽默又有寓意，能够吸引听众继续听下去。

4. 触题式

触题式指演讲者一开始就告诉听众自己将要讲些什么，也叫开门见山。它的特点非常明显：言简意赅，单刀直入，直截了当地把演讲主题和盘托出。例如：

著名羽毛球运动员韩健在他载誉归来的汇报演讲中说："尊敬的各位领导，亲爱的同志们：大家好！我从17岁开始从事羽毛球运动，至今已经十四年了。在这十四年里，我有过成功的经验，也有过失败的教训；有过成为世界冠军的喜悦，也有过连连惨败的痛苦。今天，我不想炫耀自己如何'过五关斩六将'，只打算认真地谈一谈'走麦城'。因为我坚信，成功的故事往往被放大而扭曲，失败的经历才真实而不空虚……"

5. 自嘲幽默式

不少演讲者是以几句谦恭、风趣的自我评价开场，来实现与听众感情沟通的目的，这种方式幽默风趣，往往能快速吸引观众。

胡适在一次演讲时这样开头："我今天不是来向诸君做报告的，我是来'胡说'的，因为我姓胡。"话音刚落，听众大笑。这个自嘲幽默式的开场白既巧妙地介绍了自己，又体现了演讲者谦逊的修养，而且活跃了场上气氛，沟通了演讲者与听众的心理，一石三鸟，堪称一绝。

（三）开　头

演讲稿的开头有多种方法，通常用的主要有：

1. 开门见山式

开门见山式开头是指演讲者一开始就用高度凝练的语言把演讲的基本目的和主题告诉听众，引起他们想听下文的欲望，接着在主体部分加以详细说明和论述。

【案例3-13】

鲁迅曾在一所大学里做过题为《少读中国书，做好事之徒》的演讲。他演讲的开头是这样的：

今天我的讲题是《少读中国书，做好事之徒》，我来本校是搞国学研究工作的，是担任中国文学史课的，论理应该劝大家埋首古籍，多读中国书。但在北京，就看到有人在主张读经，提倡复古。来到这里后，又看见有些人老抱着《古文观止》不放，这时我想到，与其多读中国书,不如少读中国书。

在这里鲁迅以极为简略、精当的话语直接道出了他这次演讲的主题。

开门见山型的开场白适用于比较庄重的演讲场合。因此,它要求演讲者必须具备高度的总结概括能力。

【案例 3-14】

一位演讲者做了题为《战士的爱》的演讲,他的开头是这样的:

听到这个题目,在座的许多同志也许会联想到爱情。是的,爱情是神圣的,也是美好的。可是,我今天所要讲的,却是一种更有意义、更有生命力的爱。这,就是战士的爱。

运用这种方法,必须先明晰地把握演讲的中心,把要向听众提示的论点摆出来,使听众一听就知道讲的中心是什么,注意力马上集中起来。

2. 设问式

设问式开头是在演讲一开始就提出一个或几个出人意料的问题,迅速地唤起听众的兴趣和注意力,引起听众的深思,激发听众的参与意识,拉近演讲者与听众的距离。

【案例 3-15】

廖济忠在做题为《怀才不遇的时候》的演讲时是这样开头的:

在我们青年人当中,最容易见到怀才不遇的人,最容易听到怀才不遇的话。不少人冷眼看世界,撇嘴论英雄。我不禁想问:我们真的怀才不遇吗?

【案例 3-16】

某学院学生参加第二届"格致杯"演讲比赛的演讲稿《射门》也运用了这种方法:

相信台下一定有不少球迷朋友。不知你们是否看过1998年世界杯?不知你是否记得那精彩的一幕?罗纳尔多虚晃一枪,加速跑,抢攻,一个漂亮的凌空抽射,球进了!那火爆的情景让我陷入了沉思,我的人生射门呢?

这两个演讲都是在开头巧妙设置问题,先不给出答案,引发听众的思考,吸引听众去听下文。

3. 叙事式

叙事式开头方式是演讲者一开始就讲述新近发生的奇闻逸事、令人震惊的重大事件或生动感人的故事。由于故事具有情节生动、内容新奇等特征,容易赢得听众的关注,并能造成悬念,激起听众的兴趣。

【案例 3-17】

一篇题为《救救孩子》的演讲,就是从叙述两件具体的事情开头的:

去年5月24日的《新民晚报》披露了这样一个事实:一个四年级小学生每天要带父母亲手剥光了壳的鸡蛋到学校吃。有一次,父母忘了给鸡蛋剥壳,差点憋坏了孩子。他对着鸡蛋左瞅右看,不知道如何下口。结果只好原蛋带回。母亲问他怎么不吃,回答很简单:"没有缝,我怎么吃!"

无独有偶,据某杂志载,一个将要留学法国的地质学研究生,因为害怕出国后没有人照料自己的生活而吓得全身痉挛,有时竟连续5个小时。神经学专家的结论是:"病人发病的根源在于社会生活能力差,出国反而造成了极大的心理压力……"这个结论,我想不应该只是针对这位患有"出国恐惧症"的研究生,所有的教师,所有的家长,是否也应该考虑一下我们的学生的社会生活能力究竟怎样?今后他们能立于社会、贡献于社会吗?

叙事式开头应该注意所讲之事要短小精悍、针对性强,能够揭示演讲的主题。故事叙述太长且不能紧扣主题,就会出现本末倒置、虎头蛇尾,会大大影响主要内容的演讲。

4. 介绍式

介绍式开头是演讲者在演讲一开始先介绍相关情况,说明根由。这种开头可以迅速缩短演讲者与听众的距离,使听众急于了解下文。

【案例3-18】[①]

恩格斯在1881年12月5日发表的《在燕妮·马克思墓前的讲话》的开头:

我们现在安葬的这位品德崇高的女性,在1814年生于萨尔茨维德尔。她的父亲冯·威斯特华伦男爵在特利尔城时和马克思一家很亲近;两家人的孩子在一块儿长大。当马克思进大学的时候,他和自己未来的妻子已经知道他们的生命将永远连结在一起了。

这个开头对发生的事情、人物对象做出必要的介绍和说明,为进一步向听众提示论题做了铺垫。

5. 抒情式

抒情式开头意在渲染气氛,以情感人,使听众迅速受到情绪感染,注意聆听演讲内容。这种开头多采用排比、比喻、比拟等修辞手法,形象生动,引人入胜。

【案例3-19】

《我是夜幕的一颗星》的演讲开头:

水兵喜欢把自己比作破波逐浪的海燕,飞行员喜欢把自己比作破击长空的雄鹰,而我们警卫战士却喜欢把自己比作夜幕上闪亮的星。不是吗?当皓月当空,万籁俱寂的夜晚,疲劳的人们已进入梦乡,祖国大地的每个角落里不都闪烁着警卫战士一双双警惕的眼睛吗?它就像天上的星星一样,不知疲倦地注视着大地,搜索着每一个可疑的目标……

这种类似散文式的开头,构思巧妙、比拟得当、语言形象,创造出诗一般的意境。

6. 示物式

示物式开头通过展示实物,首先给听众一个感性的直观印象,然后借助具体实物,提出和阐述自己的见解。这种开头方式多在军事演讲、法庭演讲或学术演讲中使用。

【案例3-20】

一位演讲者在做题为《拼搏——永恒的旋律》的演讲时这样开场:

今天我给大家带来了一样礼物。(举起一个小铜盒)我珍藏已经五年多了。他不仅使我改变了自己的命运,还使我明白了自己肩上重担不只千斤。你们一定想知道它是什么?那就请听一个关于我自己的真实的故事……

三、主 体

主体,顾名思义,即主要部分。从文章学的角度讲,如果说开头是起,结尾是合,那

---

① 摘自《马克思恩格斯全集》,人民出版社,2006年。

么主体部分则是承、转。人们常喻开头为凤头,要求开头精巧,结尾为豹尾,要求其有力,而主体部分为猪肚,要求其有大的容量。

如果说开头的"巧"重在吸引听众的注意,激发听众的好奇心,那么主体的作用则在于使听众相信和认可演讲者的观点、见解、看法,与演讲者在情感上形成共鸣,并将演讲一步步推向高潮。主体是演讲稿的躯干,是演讲稿主要展开的部分,直接关系到演讲的质量和效果。

要使演讲的观点站得住、立得牢,就必须做到内容充实丰满,有血有肉,要围绕中心论点,处理好论点与论据间的关系,合乎逻辑地逐层展开论述,做到结构合理、层次清楚、过渡自然。演讲稿的主体有四项基本要求:紧紧围绕主题、注意结构层次、内容充实、构筑高潮。

(一)围绕主题

演讲的主题蕴涵着演讲稿的中心思想,是灵魂、是核心。演讲稿在进入主体后,要紧紧扣住主题,逐层展开、全面论述。无论是精辟道理的阐发,还是激情的迸发;无论是波澜起伏,还是跌宕多姿,一刻都不能脱离主题。

【案例3-21】

某林业高校大学生所做的题为《重任》的演讲主体:

可是,在我国960万平方千米的广阔疆土上,森林覆盖率只有12.7%。森林面积仅18亿亩①,每人平均不足2亩,占世界的4%。木材蓄积量占世界的3%,而人口却占世界的25%。在木材消费上,我国人均为0.05立方米,而世界人均0.65立方米,是我们的13倍。全国沙化面积近三十年来扩大900万亩,水土流失面积150万平方千米,占国土面积的15.6%;每年有50亿吨的泥沙流入大海,其中,含氮磷钾的泥沙总量达16亿吨。一位美国专家曾惊叹:"黄河流的不是泥沙,而是中华民族的血液!"

多么惊人的数字,多么痛心的现状啊!林业兴衰,直接影响国计民生。人们说:"林业扯了'四化'的后腿,林业上不去,我们有愧于后代子孙。"我们是林业大学的学生,我们知道这些话的分量,振兴中国林业的重任落到了我们肩上。

怎么办?挑!勇敢地挑起这历史的重任;当国家困难的时候,为国分忧,当祖国和人民需要的时候奉献一切,这就是我们当代大学生献身四化、振兴中华的雄心壮志。

让我用这几句话来表达同学们振兴林业的决心和愿望:血汗成乳润泥土,肝胆化金铺河川,定叫黄河流碧水,誓让赤地变青山……

以上演讲的主体,紧扣主题,准确恰当地引用了一系列数据和事例,充分说明了当前林业的落后现状及其对四化建设、国计民生的影响,从而突出了现代林业大学生肩负重任、一心振兴中华林业的主题。

演讲稿的主体是为表达主题而服务的,所以,在写作演讲主体部分的时候一定要紧扣主题。

(二)注意结构层次

演讲稿的主体要层层展开,步步推向高潮。所谓高潮,即演讲中最精彩、最激动人心的

---

① 1亩等于667平方米。

段落。在主体部分的行文上，要在理论上一步步说服听众，在内容上一步步吸引听众，在感情上一步步感染听众。要精心安排结构层次，层层深入，环环相扣，水到渠成地推向高潮。

主体部分展开的方式有以下三种：

1. 并列式

并列式就是围绕演讲稿的中心论点，从不同角度、不同侧面进行表现，其结构形态呈放射状四面展开，宛若车轮之轴与其辐条。而每一侧面都直接面向中心论点，证明中心论点。

【案例 3-22】

站在这个演讲台上，我感到无比荣幸，也非常忐忑。荣幸的是，作为一名普通、平凡的年轻老师，能够有机会站在这里，向各位领导和老师汇报我的工作；忐忑的是，创大是一项宏伟巨大的工程，自己只是一个平凡、普通的年轻老师，能为创大做什么呢？

说到这里，我想到了刘老师。上星期上完课的时候，我发现刘老师正趴在隔壁教室的桌子上，脸色苍白。原来，由于天气太热，刘老师讲课的时候突然感到胸闷恶心，但她仍然坚持，边擦汗边讲完了当天的课程。下课的时候，她手里的干纸巾已经变成了湿纸巾，衣服也已经全部湿透。她六年如一日，坚持将教学作为自己工作的重点。别人在外度假的时候，她在家整理讲义、制作课件；别人在家休息的时候，她在办公室查找资料、批改作业……刘老师在小小的三尺讲台上留下了串串足迹，洒下了滴滴汗水。

站在这里，我想到了雷老师。雷老师是一个热爱运动的年轻老师，经常和学生一起打篮球，还经常到学生寝室去与学生交流、谈心。五年来，他自己都记不清楚到底去了多少趟学生宿舍，和多少个学生谈了心，帮多少学生解决了问题和困难，学生都亲切地叫他"雷哥"。从 2009 年学校开始实行班主任制以来，雷老师已经连续当了五年的班主任。很多老师在当满一届班主任之后，都不愿意再做班主任了。去年，我们院当班主任的老师不够，领导在征求雷老师的意见时，他毫不犹豫地答应了。他说："别人不愿意干，我来干吧，这活儿总要有人干啊！"在学生工作这个平凡的岗位上，雷老师没有惊天动地的英雄壮举，也没有振聋发聩的豪言壮语，只有一点一滴的辛勤耕耘，默默奉献。

站在这里，我想到了熊老师。熊老师是恩施土家族人，虽然只有 30 来岁，但她研究土家语已经整整十年了。任教八年以来，她没有给自己放过一个寒暑假。每年暑假，她都带领学生到恩施偏远山区进行土家语的调研；寒假，她在家里查阅资料、学习和写作。2010 年 3 月，她抱着只有三个月大的孩子奔赴博士研究生考场，孩子太小，还没有断奶，她带着母亲一起到考场，在考场外喂完孩子再进考场考试；2011 年暑假，她又抱着一岁半的孩子，带着六十多岁的母亲，拖着几大箱行李到北京学习。八年的坚持与努力，熊老师在科研这块实验田里收获了累累硕果，她出版的专著《土家语语言生态研究》获得了襄阳市第五届社科联优秀成果奖，申报的《土家语基本词研究》获得了国家社科基金的批准立项。

站在这里，我想到了身怀六甲、为了学生工作不辞劳苦反复奔波的马老师，我想到了时常牺牲节假日、全心全意为学生服务的胡老师；我想到了顶着腰椎疼痛、经常加班的万老师；我想到了把办公室当家、早餐都顾不上吃的姜老师……我想到了很多很多的老师，在这里没有办法一一列举他们的名字。他们都在平凡的工作岗位上辛勤耕耘，默默奉献，做出了不平凡的业绩！他们告诉我：用平凡也能谱写出华美的乐章！

小草虽小，一样能铺成辽阔无垠的大草原；我虽然普通，虽然平凡，但我相信，只要努力奋斗，一样能为创大贡献自己的力量！

朋友们，创大的舞台已经搭起，璀璨的灯光已经点亮，让我们立足平凡，甘于奉献，团结一心，奋发图强，一起奏响创大的新乐章！

上面这篇《用平凡谱写创大新乐章》是演讲者在学校"奉献在创大"主题演讲比赛上的演讲内容。这篇演讲稿牢牢抓住"为创大奉献自己"的主题，选择了三个不同的人物案例，分别从教学工作、学生工作和科研工作三个方面展示了老师们立足于本职工作为学校做出的努力和奉献，从不同侧面印证了主题。

2. 递进式

递进式即从表面、浅层入手，采取步步深入、层层推进的方法，最终揭示深刻的主题，犹如层层剥笋。用这种方法来安排演讲稿的结构层次，能使事物得到由表及里的深入阐述和证明。

【案例 3-23】

白岩松在演讲《人格是最高的学位》开头讲了一个故事：很多很多年前，有一位学大提琴的年轻人去向本世纪最伟大的大提琴家卡萨尔斯讨教："我怎样才能成为一名优秀的大提琴家？"

卡萨尔斯面对雄心勃勃的年轻人，意味深长地回答："先成为一名优秀而大写的人，然后成为一名优秀而大写的音乐人，再然后就会成为一名优秀的大提琴家。"

讲到这里，白岩松荡开一笔，讲自己过去对这个故事蕴含的人生哲理理解甚少，在采访过程中，他了解到季羡林、冰心等世纪老人动人的事迹，感受到老前辈人格的高尚，最后再照应开头的故事：

"于是，我也更加知道了卡萨尔斯回答中所具有的深意。怎样才能成为一个优秀的主持人呢？心中有个声音在回答：先成为一个优秀的人，然后成为一个优秀的新闻人，再然后成为一个优秀的节目主持人。我知道，这条路很长，但我执着地前行。"

白岩松在这个演讲中，由怎样成为一个优秀的大提琴家到自己感受到的季羡林、冰心等老前辈高尚的人格，层层递进、步步深入，水到渠成地得出了"做事先做人""人格是最高的学位"这个结论，使主题得到了证明和升华。

（三）内容充实

演讲稿主体篇幅较长，要使演讲的观点站得住、立得牢，就必须做到内容充实丰满，有血有肉，围绕主题展开论证。否则就容易显得生硬，难以引起听众共鸣。

要使内容充实，可以在细节上下功夫。有一篇写煤矿工人的演讲，没有像多数人那样，去表现"他"手持钻机采矿的常见镜头，而是用独特的细节牵动全篇：

【案例 3-24】

"人们熟视无睹的阳光，对他来说却很珍贵，长年起早摸黑的井下生活使他无法像常人那样享有阳光，他的脸上黑乎乎的，缺少血色。这天，他终于有空坐在阳光下，尽管冬天的太阳并不温暖。他脱下煤迹斑斑的棉衣，光着上身晒太阳，用身体吮吸寒嗖嗖的冬日之光。我看到,煤粉已钻进了他的肌肤;每个汗毛孔都是乌黑的!这个给千家万户送去光明的人,原来竟如此缺少阳光,浑身都是黑的啊。"

冬天光着上身晒太阳,"每个汗毛孔都是乌黑的"这是演讲人捕捉到的与众不同的细节,在情感上、内涵上具有非同一般的力度。

此外,要让内容充实、演讲有血有肉,还可以适当地加入自己的感受、感想、感觉。演讲要牵动人心,必须在情感上、意义上挖掘材料的内涵,力求有新鲜、深切的感受和看法。一篇好的演讲,不能没有独特的感受,要使事迹演讲产生如闻其声、如见其景、如临其境的现场效果,演讲者必须把有血有肉的富有生活气息的东西抓住,找到自己的"感觉",才能再现实情。

【案例 3-25】
……那墓碑上只刻着这样几个字:"烈士,女,19 岁,某连卫生员。"霎时,我仿佛看到一个清瘦身影在硝烟弥漫的战火中闪过,她救出了伤员,自己却流血过多,苍白的脸那么稚嫩纯洁……也许她正编织着少女七彩的梦,已经有人爱她,或许她正爱着一个人。但军号响了,她收起了少女的情思,毅然奔赴严酷的战场。她躺在我家乡的这块土地上,为了我们这一代年轻人,她过早地离开了她热爱的这个世界。才 19 岁呀,正是人生如花的季节!

这是厉风的演讲《血染的木棉花》中的片段,讲到这个 19 岁牺牲的烈士的事迹时,他详细地描述了自己的感受和体会,使得当时她奔赴战场的场景立即鲜活起来,也调动了听众的想象和感受,使得后面的抒情顺理成章、水到渠成。

(四)构筑高潮

1. 高潮的作用

"文似看山不喜平。"演讲稿不仅要节奏鲜明、张弛相间、跌宕起伏,还要有波澜起伏的段落和引人入胜的高潮。

演讲的高潮,既是演讲者感情最激昂、气势最雄劲的时刻,更是听众情绪最激动、精神最振奋的地方。一次演讲,若能出现一次或几次高潮,说明演讲者与听众之间在感情上产生了强烈的共鸣,说明演讲者的信念和意志得到了响应,说明他所宣传的观点和主张得到了听众发自内心的欢迎和赞同。反之,如果一次演讲没有出现高潮,那么,就会使整个演讲大为逊色,就不可能达到使"快者掀髯,愤者扼腕,悲者掩泣,羡者色飞"的出神入化的佳境。

2. 高潮的特点

演讲的高潮,是演讲者就某一个论题,经过一番分析说明、举例、议论后,对于肯定什么、否定什么、赞同什么、反对什么所做出的最鲜明的回答。高潮体现出三个特点:

一是思想深刻。高潮最集中地体现出演讲者通篇演讲的思想观点,是思想内容的凝聚点,是全篇的精华所在。

二是感情强烈。演讲者的爱憎喜怒在高潮中得到尽情宣泄。

三是语句精练。演讲者最精彩的语言在这里充分发挥了作用。

这三个特点的组合使演讲的高潮有强大的感染力，它犹如交响乐中管弦齐奏、金鼓齐鸣，产生振聋发聩的声响。

3. 高潮的构筑

著名演讲家李燕杰曾说："一次演讲，怎样达到高潮？这需要演讲者在感情上一步一步地抓住听众；在理论上步一步地说服听众；在内容上一步一步地吸引听众，使听众的内心激情逐渐地燃烧起来，演讲将自然地推向高潮。"

许多有经验的演讲者在写演讲稿时，或是通过对所举事例的准确恰当的阐释分析，进行深刻的哲理分析和透辟的议论而片语惊人，掀起高潮；或是利用波澜起伏的故事层层铺垫，铺垫到极致时，抛出感受，达到高潮；或是进行情感酝酿，饱含真挚的感情掀起高潮；或是运用设问、反问、比喻、排比等修辞手法，妙语连珠，满座皆赞，掀起高潮。

【案例 3-26】

卢国华的演讲《愿君敢为天下先》的高潮部分：

也许有人说，年轻气盛，不知天高地厚，改革的潮是那么好弄的吗？弄得好，该你走运，福星高照；弄得不好，该你倒霉，身败名裂……我们如果徘徊观望，如果急流勇退，如果不求有功但求无过，如果事不关己高高挂起，如果害怕枪打出头鸟，信奉"人言可畏"的法则，那么，就会被历史所淘汰，被时代所抛弃，被生活所嘲弄。我们只有去无畏拼搏，去大胆开拓，去承担风险，去顽强竞争！

演讲者巧妙地运用"欲扬先抑"的手法进行说理议论，先设入一个与结论相反的前提，极力地"抑"，再用否定性结论，为结论的"扬"蓄势，最后才水到渠成地"扬"起来，这样由抑及扬的议论和说理，把演讲推向了高潮，使主题也得到了升华。

【案例 3-27】

有一回在石家庄，他一天转了 4 000 亩苹果园。我劝他说："你这样干太辛苦了！"他说："通过我的技术，早一年进入盛果期，1 亩地可以增收 4 000 斤①苹果，按一斤苹果卖两块钱算，1 亩地就能增收 8 000 元，4 000 亩地就是 3 200 万啊。我辛苦一天的事儿，多值啊！"采访时见到他的遗物，十几本工作日志，密密麻麻记载着他奔波忙碌的行程。从 2016 年 1 月到他去世的 101 天里，外出的时间就达 62 天，行程 7 860 千米。是什么支撑他心系太行、立志扶贫、为山区群众脱贫致富操碎了心？是什么支撑他不顾病体、一年行程 4 万千米、200 多天扎在农村？是什么支撑他三十多年如一日埋头耕耘、淡泊名利、不图回报？是信念的力量，是为了让贫困农民尽快富起来、让老百姓过上好日子！这样的人，百姓又怎能不爱戴、不尊崇呢？百姓说，李老师没有走，这漫山的苹果树、核桃树，都是他的心血和汗水化成的。他，在人民心中，树起了一座不朽的丰碑！

这是演讲《民心深处有丰碑》中的高潮部分。演讲者在前面采用自己亲眼所见的事实，以及大量翔实、形象、生动的数据，详细地描述主人公"李老师"为山区群众脱贫致富忙碌的事情，这些事实饱含了演讲者对主人公的真挚情感，它让听众在脑海里浮现出拖着病

---

① 1 斤等于 500 克。

体穿梭乡村的李老师的高大形象。紧接着,用一组排比问句作牵引,将酝酿已久的情感推向了喷发的高潮。

【案例 3-28】

著名演说家佩特瑞克在演讲时很喜欢运用排比,把听众的情绪推向高潮:

战争实际上已经爆发。兵器的轰鸣即将随着阵阵的北风而不绝于耳!我们的兄弟们此刻已开赴战场!我们岂可以在这里袖手旁观,坐视不动!请问一些先生们到底心怀什么目的?他们到底希望得到什么?难道无限宝贵的生命,无限美好的和平,最后只能以戴镣铐和受奴役为代价来换取吗?……

演讲中,设问与反问经常连用,设问、反问与排比、递进、感叹经常套用。反问是指用疑问形式表达确定的思想内容的一种形式。反问寓答案于问句之中,思想内容恰与字面意义相反。在演讲中用好反问句能加强语势,把意思表达得更加鲜明。由于反问句带有感叹语气或疑问语气,比正面陈述更有激发鼓动的力量,更能唤起听众的思想和激情,所以具有很强的感染力和鼓动性。如古罗马演讲家西塞罗《第一篇控告卡提利那辞》的开场白:

卡提利那,你恣意地滥用我们的耐心还要多久?你疯狂地嘲笑我们何时才了?你肆无忌惮地炫耀自己的无耻行为有无止境?难道无论是帕拉提乌姆山冈的夜间警戒,无论是罗马城里的夜间巡逻,无论是全体人民的惊恐,无论是所有的高尚人的集会,无论是选择这一受到严密保卫的地方作元老会场,无论是元老们的脸色或表情,都未能使你有所触动?你难道看不出你的阴谋已被在座的人们识破而难以施展?你以为我们当中谁都不知道你昨天夜里干了什么?前天夜里干了什么?这两夜你待在哪里了?……

这段演讲词开头是设问,问而不答;中间部分是反问;后面是设问。演讲者将设问、反问、排比、感叹、陈述诸种句式融为一体,使感情加强烈,气势更加宏大,从而达到高潮。

4. 构筑高潮要注意的问题

在构筑高潮时,要注意以下问题:

(1)体现演讲高潮的名言、警句或简短的议论,要从可靠的事实或充分的事理中自然而然地生发出来,切忌牵强附会,生涩难懂。

(2)演讲高潮要切实体现出情感浓烈、哲理丰富、令人回味无穷的特征。要像磁石那样,紧紧地吸引地住听众,台上台下达到高度的和谐统一。

(3)要以简洁明了的语句,亲切得体的方式,生动有力地将自己与听众的思想感情推向高潮。切忌拖泥带水、冗长啰唆。

(4)一般说来,一次较短的演讲,将高潮安排在结尾前比较得体。至于篇幅较长的演讲,则要根据具体情况做出具体的安排,但以在演讲的中间和结尾前出现几次高潮为宜。

四、结 尾

俗话说:"织衣织裤,贵在开头;编筐编篓,重在收口。"一篇好文章,除了有引人入胜的开头,还应该有耐人寻味的结尾。同理,一个好演讲,一定要有一个好结尾。

如果演讲者的开头部分已经先声夺人、不落俗套,主体部分也高潮迭起、惊喜不断,现在又再来一个出人意料、耐人寻味的结尾,那么,这个结尾就如同锦上添花,给听众带来形式上的完美和精神上的满足。与此相反，如果演讲者的结尾部分平庸又毫无新意、陈旧又苍白无力，那听众就会觉得狗尾续貂，深感遗憾，失望而去。一言以蔽之，演讲的结尾是走向成功的最后一步，它在整个演讲中起着一锤定音的重要作用。

演讲的结尾，要像豹子的尾巴一样。所谓"豹尾"，便是指结尾时笔法要简洁、明快、干净利落，犹如豹尾劲扫，响亮有力，给读者以咀嚼回味的余地。具体来讲就是：内容上，要更有深度；语言上，要更有力度；方法上，要更加匠心独运；效果上，要更加耐人寻味。

（一）演讲结尾的方式

演讲结尾的类型和方法，多种多样，不拘一格，演讲者可根据自己演讲的具体时间、地点、主题、听众及自己个性等因素，选择适合自己结束演讲的方法，使之有效地为演讲的思想和目的服务。归纳起来，常见的演讲结尾方式有以下几种：

1. 高潮式结尾

美国一位演讲家说过："演讲最好在听众兴趣到高潮时果断收束，未尽时戛然而止。"高潮式结尾，即把演讲的高潮设计在最后，在高潮中结尾。演讲结束时，演讲者设法最后一次拨动听众的心弦，打开听众的心扉，掀起高潮。

【案例 3-29】

1946年，李公朴、闻一多相继遇害，6 000多市民为他们举行了极其隆重的追悼大会。闻一多先生的儿子代表家属致答谢词。他那满怀悲愤的凭吊演讲，无数次被悲愤群众的哭声、掌声和口号声所打断。他最后说：

"我爸爸被杀死了，有人造谣，说是共产党杀死的，是什么地方人士杀死的，还有的人说是爸爸的朋友杀死的。我奇怪他们为什么不痛快地说，是我哥哥把我爸爸杀死的！（群众愤怒到了极点，掌声震耳欲聋）

我爸爸死了半个月了，现在还没有捉到凶手，现在我请求大家援助我，我们要求取消特务组织！（会场爆发出"我们要求取消特务组织"的怒吼声）"

闻一多先生的儿子在演讲结尾时把群众的愤怒情绪调动到了最高潮。而实际上，"把高潮放在结尾"是许多演讲人士自觉或不自觉地都在运用和遵循的一条重要法则。

在运用高潮式结尾时，要注意不要告诉听众你要结束演讲了，也不要说"我现在做个小结和归纳"或者"下面我做个总结来结束今天的演讲"之类的话，否则，听众就会开始计算时间，分散注意力，这种高潮式结尾就难以达到在高潮时戛然而止的效果。高潮式结尾运用得好的话，会给听众一种余音绕梁、回味无穷、意犹未尽的感觉。

2. 总结式结尾

用总结和概括结束演讲，是最普遍的结尾方法。这种结尾用极其精练的语言，对演讲内容和思想观点做一个高度概括性的总结，以起到突出中心、强化主题、首尾呼应、画龙点睛的作用。演讲者要善于在演讲结束时简明扼要地对自己已阐述的思想进行总结，这样有助于听者加深这些思想的印象和理解。

【案例 3-30】

有一篇题为《假如我是人事处长》的演讲，提出了演讲者对人事制度改革的看法和总的设想。最后，演讲者以总结式的方法结束了演讲：

招才要有方，用才要有道，扶才要有法，这，就是我当了人事处长后的实施方案。

对于初学演讲的人来说这种结尾方式很容易被掌握，但要注意，总结时要避免对前面演讲内容和形式做简单的重复。

3. 呼应式结尾

在演讲的时候，开头埋下伏笔，结尾再来照应，可以使演讲的结构曲折跌宕、大开大合，而且能使布局巧妙、眉目清楚、重点突出、主题深化，给听众以深刻的印象，产生耐人寻味的艺术效果。

我们仍以案例 3-23 为例，白岩松运用的就是呼应式，在演讲开始提出问题，引人思考，在演讲结束时回答了提出的问题，首尾呼应，点明了主题，也给听众一个完整的印象。

4. 感召式结尾

感召式结尾是演讲者以慷慨激昂、扣人心弦的语言，对听众的理智和情感进行呼唤，或提出希望，或发出号召，或展示未来，或表明决心，或发出誓言，以饱满的热情和鲜明的态度激起听众感情的波涛，使听众产生一种蓬勃向上的力量，增加演讲的感召力。

【案例 3-31】

演讲稿《一位纪委书记的小家和大家》结尾就是用这种方式：

同志们，朋友们，我们正处在一个伟大变革的黄金时代，经济的发展，国家的富强，民族的振兴，需要全体人民的艰苦奋斗，特别是共产党人的模范带头作用。如果每一个共产党员都能正确处理好小家和大家的关系，严格地按党性原则要求自己，用党的纪律约束自己，用党旗下那神圣的誓言激励自己，那么我们党的形象将会更加光彩照人，我们的党将会更加坚强伟大！

这个结尾言简意赅，语言真切，用如果的假设展示了美好的未来，充分表达了演讲者鲜明的立场和坚定的决心，从而有力地鼓舞着广大听众朝着这一目标奋进。

【案例 3-32】

演讲稿《无愧于伟大的时代》的结尾：

同学们，让我们高举起五四的火炬，弘扬民主与科学的精神，把爱国之情、报国之志化为效国之行，用我们的热血和汗水、青春和智慧，甚至是生命，向我们的先辈和后代，向我们的祖国和民族呐喊：我们将无愧于伟大的时代，无愧为中华民族的一分子！我们将无愧为跨世纪的中国人！谢谢！

这个结尾是在演讲的最后发出号召，态度明确，语言饱含激情，慷慨激昂，使听众精神为之一振，甚至是热血沸腾，具有动人情、促人行的作用。

5. 警言式结尾

通过引用名言、谚语、成语、格言、警句、诗词等方式结尾，言简意明，多有韵味，使内容显得充实丰满，具有哲理性和启发性。

【案例 3-33】

一位科学家在讲述完自己历尽磨难仍痴心不改、终生献身于祖国的科研事业时，引用艾青的一句诗结尾：

为什么我的眼里常含泪水？因为我对这土地爱得深沉。

这位科学家在演讲结尾时引用了诗人艾青的著名诗句，这句诗大家都耳熟能详，在这里引用，不仅表达了科学家对祖国的深厚感情，也使得整个演讲充满诗意，让人久久回味。

【案例 3-34】

一位竞聘医院院长的年轻护士长在演讲结束时这样说：

同志们，现在大家都在看《钢铁是怎样炼成的》这部电视剧，在这里我只想用保尔的那段名言结束我的演讲："人最宝贵的是生命，生命属于我们只有一次，一个人的生命应该这样度过：当他回首往事时，他不因虚度年华而悔恨，也不因碌碌无为而羞愧。这样在他临死的时候就能够说：我已把整个生命和全部精力都献给了最壮丽的事业——为人类解放而斗争。"

这个结尾引用了名著《钢铁是怎样炼成的》里的名言，使演讲结束得干脆利落，又引人深思，充满哲理和启发。

6. 即景式结尾

即景式结尾方式也叫"借景抒情"。即演讲者在演讲结束时，巧妙地借用了现场的景物或环境、氛围等来抒发自己的感情或者表明自己的心志。目的是拉近演讲者与听众之间的距离，增强演讲的互动性和感染力。

【案例 3-35】

一次，某县委举行副局级干部竞聘演讲会。当某位竞聘者竞聘教育局副局长的演讲就要到尾声的时候，外面电闪雷鸣，几乎淹没了他的声音。他稍停顿了一下，指着窗外说："同志们，听着窗外响起的阵阵春雷，我的心中不由得一震，是啊，我们的屋内不也是春雷滚滚吗？干部聘任制度改革的春雷正在我们这块天空上震响，在这场竞争中也许我只是一个过客，但我要张开双臂，为春雷春雨的到来而欢呼！"

在竞聘演讲结尾时他巧借突如其来的天气变化来抒发自己的情感，比起那些背稿的演讲者来显然棋高一筹。他的讲话激起了如雷般的掌声，会后人们还对他的机智巧妙赞不绝口。

【案例 3-36】

某领导在一次年初动员大会上发表演讲，采取了这样的结尾：

同志们，我们都知道：春天是播种的季节，撒下一粒种子，便种下一份希望。同时，春天象征生机蓬勃，体现勤奋上进。所以，春光不容辜负，年华不可虚度。我们今天在这里开会，宗旨就是再动员、再部署、再安排、再鼓劲，希望各地、各部门、各单位以竞进提质姿态来抓好各自工作，以优异成绩向省委省政府和全市人民交上一份满意答卷。同时，高扬改革创新之帆、鼓足攻坚克难之劲、笃定决战决胜之志，为实现"十三五"经济发展良好开局做出新的贡献！谢谢大家！

这个结尾借用了当时所处的季节——春天，以春天为由头，借春天来提出"勤奋上进"的希望和要求，恰到好处，既表达了自己的希望和心志，又能赢得听众的理解和好感。

但是，这种方式不会被经常使用，因为它需要演讲者具备一定的观察能力和应变能力，才能做到驾轻就熟。

7. 含蓄式结尾

含蓄式的结尾就是在演讲中以含蓄或者留有余地的语言来表达主题,让听众能在演讲结束后的思索中体会其言外之意,从而受到启迪;或者总结演讲的精华主旨并深化主题,达到一种"欲说还休、耐人寻味"的效果。

【案例 3-37】

一位中年妇女在竞聘居委会主任时,演讲结尾用了这样两句话:

最后,我也不想再表白什么了,天地之间有杆秤,那秤砣就是老百姓,我相信大家的眼睛。谢谢。(热烈掌声)

她在讲完构想之后既没有表决心,也未发号召,而是以虚代实,用一两句话突然煞住,如快刀斩乱麻,干脆利落。情绪和节奏之快让听众始料不及,心里不由一震,于是一个良好的印象就在大家心里定格了,很是耐人寻味。

【案例 3-38】

1923年,在北师大附中的校友会上,鲁迅先生发表了题为《未有天才之前》的演讲。其结尾是:

泥土和天才比,当然是不足齿数的,然而不是艰苦卓绝者,也怕不容易做;不过事在人为,比空等天赋的天才有把握。这一点,是泥土的伟大的地方,也是反有大希望的地方。而且也有报酬,譬如好花从泥土里出来,看的人固然欣然的赏鉴,泥土也可以欣然的赏鉴,正不必花卉自身,这才心旷神怡的——假如当作泥土也有灵魂的说。

鲁迅先生用这种形象的比喻结尾,让听众自己去思索,从而得出演讲的主题:努力去做培养天才的泥土。演讲虽然结束了,听众可能还沉浸在这种思索当中,久久回味,余韵不绝。

8. 抒情式结尾

抒情式结尾是指以抒情怀、发感慨的方式结尾。演讲本身是一种思想和激情的燃烧,用抒情怀、发感慨的诗情画意的语言结尾,最易激起听众心中感情的浪花。

【案例 3-39】

郭沫若在演讲《科学的春天》这样结尾:

春分刚刚过去,清明节即将到来。"日出江花红胜火,春来江水绿如蓝。"这是革命的春天,这是人民的春天,这是科学的春天,让我们张开双臂热烈地拥抱这个春天吧!

这个结尾引用了诗句,通过排比的手法来抒发感情,既增强了表达的气势,也充满了诗意,言有尽而意无穷,留有余韵,给人启迪。

【案例 3-40】

演讲稿《奉献之歌》的结尾:

啊!奉献,这支朴实的歌,这支壮烈的歌,这支深远的歌,这支永远属于母亲——我们的祖国的歌,让我们每一个中华儿女都来唱这支歌吧!

这个结尾,感慨万千,诗意浓浓,情真意切,情理俱在,给听众以极大的鼓舞和力量。

9. 设问式结尾

设问式结尾是指在演讲结束,用巧设问题的方式来结尾。这种方式能迅速提起听众的兴趣，吸引他们的注意力，往往会让人印象深刻。

【案例 3-41】

以下是一位竞聘者发表竞聘演讲时的结尾：

同志们，当听完我的构想以后，也许你会想：你的想法倒挺好，可实现得了吗？说实话，我只是一个平凡的人，不是神，我就是浑身是铁也打不了几个钉，要是光靠我自己，甭说是三年，就是三十年也实现不了。可古语说得好：人心齐，泰山移。如果在座的各位都光着膀子和我一起干，我敢肯定，不久的将来，梦想定会变成现实！（热烈掌声）

这位竞聘者在讲完自己的实施方案后，先抓住听众的心理来了一个设问，但他并不急着回答，而是故意用否定的话荡了一个秋千，之后再进行肯定。话语不多但含义颇深：其一，表明了自己有自知之明的态度；其二，说明在一定条件下自己的构想并非是吹牛，从而激发了听众对自己的信任。另外，也含蓄表达了自己对全体听众的信任和自己的决心。

有时为了表达感情的需要，还可以用反问句作结尾。

【案例 3-42】

一位年轻人在竞聘乡长的演讲结尾时说道：

"大家知道，我是一名孤儿，是在党和乡亲们的关怀培养下长大的。如果不当好人民的公仆，不把乡里的事办好，能对得起培养我的党吗？能对得起各位父老乡亲吗？"

他的反问加强了他要当好乡长的语气，犹如一股强劲的风，吹动了听众的心，显得情真意切，言之凿凿，取得了全体听众的信任，全场掌声一片。

（二）演讲结尾要注意的问题

演讲的结尾一定要注意深化主题，紧紧围绕着演讲主题来进行，特别要注意以下问题：

1. 不可虎头蛇尾、草草收兵

演讲的结尾要有一定的高度，要尽量将全文的内容升华到新的层次，既能照应开头，总结全篇，又要突出重点，深化主旨，要给听众留下完整而深刻的印象。有的演讲者在演讲中，一开始东拉西扯，海阔天空，不着边际，临近结尾时，不做强调，不做必要的概括，匆匆忙忙结束，草草收兵，使演讲失掉了应有的光彩。这种结尾是应该避免的。

2. 不可画蛇添足、节外生枝

演讲的结尾要出人意料，耐人寻味，要避免平庸无奇、画蛇添足。要讲究内容的含蓄、深沉，使人觉得余音绕梁，不绝于耳。演讲结尾该断时必须断，切忌节外生枝。有些演讲者，该讲的话明明讲完了，听众听上去似乎已经结尾了，但演讲者却又喋喋不休，拖拖拉拉，没完没了地讲下去。比如有演讲者在演讲结束时经常会说："前面我说的几点是非常重要的，在此我还想强调一下，再啰唆几句。"这样的话语就是典型的节外生枝，会造成听众心理上的疲劳和精神上的困倦，让听众产生不满甚至是反感。

3. 不可冗长拖拉、漫无边际

演讲的结尾要像豹尾一样，干净有力，短小精悍，简洁明快，新颖别致。要以巨大的感染力，使听众情绪激动起来、振奋起来。最忌冗长拖拉，漫无边际。演讲者有话则短，无话则免。有的演讲者一上台，不管有事没事，一开口就要讲几十分钟，甚至个把小时，没完没了，好像说话的时间越长越能体现自己的级别、水平和存在。而事实上，人人都反感说大话、说长话、说空话、说假话的人。

4. 不可千篇一律、废话连篇

有的演讲者开始说得不错，但一旦要结尾时就落入俗套，尽说些令人生厌的客套话，听众就像是吃了一粒发霉的花生，把满口的香味全破坏了。比如说："今天我讲到这里，本来是不准备发言的，但主持人一定要我说，我就恭敬不如从命，由于时间关系，本人水平有限，加上没有准备，对情况也不了解，所以就泛泛而谈，随便说说。以上几点不成熟的意见仅供参考，谈得不对的请批评，说得不好的请指正。"这种结尾就是典型的陈旧、庸俗的套话，是演讲结尾之大忌。

第四节　演讲稿的修改

好的演讲稿不是一气呵成的，而是反复修改形成的。修改是演讲稿写作过程中必不可少的一环，是提高演讲稿质量的必经之路。

美国第16任总统、世界著名演讲家林肯就是一个特别讲究演讲稿修改的典型。林肯在他发表第一次就职演讲前，对草稿进行了多次精心的修改。后来，他把这份演讲稿拿给国务卿西华过目。西华坦率地指出：演讲稿的结尾太过于直率，太过于鲁莽，太具刺激性。于是林肯又在西华写的两种结尾的基础上进行了修改。这样一来，林肯在第一次就职演说时，改变了过去那种刺激性及鲁莽的演讲习惯，从而营造出友善的气氛，赢得各界人士的好评。

2015年9月23日，阿里巴巴董事局主席马云要在中美企业圆桌会议发表演讲，临上场前又对讲稿进行了再次修改、增加和删除，修改多达26处。

好的演讲稿都是这样反复推敲、琢磨、修改得来的。那么对于初学者来说，就更应该不厌其烦地对自己的演讲稿进行认真的加工修改。

（一）修改的内容

1. 从主题着手

首先要看全篇的观点是否正确，是否成熟，是否容易为听众理解和接受。如果有问题，或者欠成熟，必须做进一步的思考，绝不能随便去糊弄听众；其次，要看中心议题是否成立，是否得到了鲜明突出的表现。中心不突出，演讲目的就得不到明确的体现。最后看文字是否把主题表达出来，是否充分，是否新颖，有无片面性。有时即使主题正确无误，在修改时也会出现一些预想之外的闪光思想和语言，比原来的要深刻和精彩，修改就是弥补和扩展发挥的极好机会。

2. 从材料着手

看材料是否真实、具体、全面、充分，是否用得恰当，是否能够准确有力地说明问题和表达观点。少则增，多则删，不当则换，虚假的材料则要毫不犹豫地剔除。

3. 审视结构

看结构是否完整、紧凑且富有变化；看开场白是否够味，有吸引力；看高潮是否令人振奋，高潮的位置是否恰当；看结尾是否有魅力；看段落层次的划分和安排是否妥当、清楚；看上下文之间的衔接、过渡是否自然；看前后照应得好不好；看全篇脉络是否贯通。

如果某方面安排不合理，例如，层次、段落的划分和安排还不够清楚，就应立即对其进行妥当的调整和修改。

从演讲结构的一般模式看，结构不会有什么大问题，开头、正文、结尾是比较明确的。修改时主要审视的是正文部分。主题有了变化，结构必须随之变动，即使主题没什么变化，由于起草时只是作为一种构想写出来的，一旦落实在纸上，反复审视、推敲，就会发现一些毛病，如逻辑性不强，前后位置不当，层次不清，上下文重复，材料和引文用得不是地方，段落衔接不紧密等，这就需要重新调整和修改，有时还要"动大手术"。

4. 推敲润色语言

演讲是一种语言艺术，锤炼语言是演讲家的基本功。修改演讲稿写作语言的目的，一是减少语言方面的毛病，二是保持演讲语言的特点。由于撰写演讲稿时，意念完全集中在主题的表现、事件的陈述等方面，往往无暇顾及语言的运用，不可避免地会出现句子残缺、用词不准、丢字错字等状况，这些都需要修改，这是其一。其二，按平时定型的习惯写稿，容易出现书面语言较多的倾向，如句子太长，诗歌化、散文化等。只有经过修改才能保持演讲语言的特点。

初稿写成后，还要注意修改：

（1）看看句子是否通顺，文字是否简练。这是最基本的要求。写得不通就读不通、讲不通；文字不简练，说起来就啰里啰唆。鲁迅说："写完后至少看两遍，竭力将可有可无的字、句、段删去，毫不可惜。"

（2）要口语化、大众化。起草演讲稿虽然是笔头的功夫，但写出来的东西是用来讲的，不是用来看的，因此必须符合有声语言的特点。

（3）弹琴看听众，说话看对象。如果是面向普通的工人、农民、市民，就必须使用浅显、平易、朴实的文字，尽量少用专业术语，更不可咬文嚼字，故作高深，否则不易为他们接受。如果是对具有较高文化素养的人讲话，语言就可适当文雅些，让自己的谈吐适应他们的水平。当然，能够做到雅俗共赏是最理想的，那将使你拥有更多的听众。

（4）用词要准确生动，富有表现力。语言都需生动形象，有感情，有色彩。要看看修辞是否贴切，是否恰到好处。

（5）语言朗朗上口，节奏铿锵有力。最后，要试着朗读几遍，看看效果如何。比如，念起来是否上口，语气是否适宜，感情是否饱满，音韵是否和谐，节奏是否铿锵有力。

5. 篇幅的修改

面对听众的独白式发言，往往有一定的时间限制，修改时还需考虑篇幅的长短是否符合规定的时限。如超过规定时限，应当压缩文字，删减篇幅；倘若不到规定的时限，如有必要，可以再适当增加些材料、扩充内容。

（二）修改的方法

1. 反复修改

演讲稿修改的方法与一般文章的修改方法大致相同，都需要反复推敲、字斟句酌。但演讲稿的修改更应该在文字的口语表达上下功夫。因此，对于比较重要的演讲稿不妨多看、多读、多听、多改几遍，力求文字和语言上都完美无瑕。

修改是一个永无止境的过程，没有绝对满意的时候。如果有条件，就应争取一直修改到演讲之前，有机会一边讲，一边改，使之更加成熟。反复多次之后，嘴里讲的、手中写的、耳朵听的就会完全统一了。这样上台的时候，就会胸有成竹，临场不慌，即使有临场发挥的成分也能得心应手，不会使结构紊乱。

2. 边讲边改

边讲边改就是一边讲，一边改；一边改，一边讲；手、口、耳并用。用嘴讲，可以使句子简洁、顺口、有韵味，符合口语特点；用手写，可以去掉口语中啰唆重复等毛病，使之精练、准确，达到文学化的要求；用耳听，可以发现那些纸面上虽然顺畅但听起来费解，或者容易产生歧义的字、句，可以发觉那些意义相近而平仄却不相宜的用语。对这些部分的修改，有助于达到悦耳动听的目的。

边讲边改最大的优点是可以免去念稿、背诵之苦，因为你讲的是你写的，写的也是你讲的，讲熟了也就成为你胸中的东西了。只有这样，你才能神情自若，从容不迫地发挥体态的作用，同听众进行情感交流，保持演讲的畅顺，提高演讲的效果。

第四章　即兴演讲

除了命题演讲之外，还有一种演讲——无准备的、没有备演讲稿的演讲。这种演讲叫作即兴演讲。即兴演讲，在演讲的类型中，使用率较高，应用范围最广。随着现代社会的发展，信息传递加快，人们的交往日益频繁，交际领域不断拓宽，即兴演讲也随之出现在人们生活的方方面面，它已成为人际交往中深受欢迎的形式。有研究表明，即兴演讲已成为未来演讲发展的一个重要趋势。

第一节　即兴演讲的含义和特点

一、即兴演讲的含义

即兴演讲，又称即席演讲或临时演讲。即兴演讲是演讲中的快餐，也是演讲中的精品，是演讲者在某种特定景物或人物、气氛的诱发（或被要求）下而产生的一种临时性演讲。

即兴演讲有三种情况：

一是虽然没有演讲稿，但有一定的思想准备。例如，出席某种会议，参加某种聚会或座谈，估计要讲话，或者因为某种话题、某种意境，引发了讲话的动机，因而在讲话之前，已经选准了话题，形成了思路，酝酿了腹稿。这种即兴演讲在选题上有相对的主动权，但在具体的讲什么、怎么讲上却要依据会议的主题、现场的环境和听众的素质修养，以及身份等具体情况来确定演讲的内容和形式。这种即兴演讲被称为主动选题式演讲。

二是毫无思想准备，被动讲话。例如，参加某种聚会或婚丧活动时，被主持人点名或被他人推举，与会者一致附和，无法推脱，只好站起来讲话。这种即兴演讲被称为被动选题式演讲。

三是命题测试式演讲。这种演讲是在比赛或带有测试性质的场合，由演讲者临时抽签得题，然后按签上规定的题目准备几分钟后即兴发表的一种演讲。

以上三种演讲情况，虽然都可视为即兴演讲，但严格来讲后两种才是真正意义上的即兴演讲。随着时代的进步和社会的发展，即兴演讲运用的范围越来越广，使用频率也越来越高，如介绍来宾、宴会祝酒、迎送宾客、主持会议、婚事贺喜、座谈发言等，都离不开即兴演讲。

二、即兴演讲的特点

即兴演讲与命题演讲不同,它具有以下特点:

1. 随兴而发,针对性强

即兴演讲常常是面对面接触后根据眼前的情况有感而发的,不能事先做好准备,话题内容选取角度较小,必须切合现场的情况,针对性强。并且演讲者思考时间短,语速快,演讲者必须听辨灵敏,临场而发,快速组话,否则会使演讲变得不顺利。

2. 临场发挥,直陈己见

不像命题演讲事先拟好讲稿,也不像辩论演讲事先进行模拟训练,演讲者往往是当场打腹稿,即席讲话;说情况、讲道理、表看法、提意见很少绕弯子,切忌观点模棱两可,晦涩艰深,令人不知所云。

3. 生动活泼,短小精悍

即兴演讲贴近生活实际,短小精悍,简明扼要(时间上一般控制在1~5分钟之内,有的甚至只有一句简短的话),亲切感人。具有思想性,趣味性,知识性,切忌冗长杂散、啰唆重复、不着边际的官话空话。

4. 情感激发,诱导联想

没有情感激发,就不存在成功的即兴演讲,演讲者有时虽然是受命而讲,但也需要一个情感酝酿过程。情感一形成,必定唤起演讲者的情绪记忆,诱导丰富的联想,推进思维过程,从而捕捉话题,调用储备信息,引导思维信息加工,进行即兴表达。

5. 语言精练,达意为上

即兴演讲是临场之作,不宜过长,否则会节外生枝、语言拖沓,难以出彩。

即兴演讲因为其"即兴"而有一定的难度,但其表达的结果应该符合特定目的,切合特定语境,表达方式正确,效果良好。应该符合以下标准:

思维敏捷,反应迅速;立意明确,内容集中;
条理分明,逻辑严密;语势连贯,跌宕起伏;
用语规范,贴切易懂;适切语境,话语得体;
生动优美,诙谐幽默;委婉含蓄,蕴藉深邃;
把握时机,灵活善变;言语和谐,语气适宜。

下面这两个案例能充分体现即兴演讲的特点:

【案例4-1】

在外甥十周岁生日晚宴上的即兴讲话

姐姐、姐夫、我的小外甥:

今天是外甥十周岁生日,俗话说:到生日吃面。当小姨的我今天就奉上三个蛋一碗面。

这第一个蛋叫"德",思想好,像个石头蛋,扎扎实实的。在学校里尊敬老师,尊敬同学;在家里,孝敬父母,热爱劳动,艰苦朴素,文明举止;在公共场合,遵守则,遵秩序,不要做个讨嫌的"蛋"。

这第二个蛋叫"智",学习好,像个五彩蛋,兢兢业业的。在学习上要保持谦虚谨慎,要争夺第一名,要像钉子一样发扬"钻"的精神。忌马虎,忌草草了事,做一天和尚撞一天钟,更不要考几个"大鸭蛋"给大家下酒。

这第三个蛋叫"体",身体好,像个铁蛋,壮壮实实的。身体是革命的本钱,头疼脚痒不是真正男子汉,要经常注意身体的锻炼,像运动员那样具有强壮的体魄,不要做个经不起风吹浪打的"软蛋"。

至于这一碗面么,大家看看,这面长长的像理顺的头绪,这象征着一切事情都有个开头,这就是说,要吃到这三个蛋就要从现在开始,从现在努力!

外甥,你说呢?

这一段话是演讲者在小外甥十周岁生日宴会上的即兴讲话。在生日宴会这个特定的场合下,演讲者紧紧围绕这个主题,对小外甥提出了要求和殷切的期望;整个讲话短小精悍,短短400来字,将主旨表达得清楚明白;非常巧妙地用现场的事物来引发演讲内容,长寿面是日常大家过生日时吃的,演讲者妙借"一碗面、三个蛋"来提出对小外甥的要求和希望;语言简短有力,生动活泼。

【案例 4-2】

奥林匹克生涯已经结束

朋友们:我经常强调说,一旦我失去动力或不需要再证明什么了,我就应该退役。现在是我离开的时候了,这并不是我不爱这项运动,我只是觉得我已经达到了自己事业的顶峰,我没有什么可再证明的了。

我不知是否会复出,退役的意思就是从今天开始我想干什么,就可以干什么。如果这意味着今后要复出,我也许会的。我不把这扇门关死。如果公牛队还需要我,我也许会重归赛场。如果我日后复出,也不会效力于另一支球队,因为我的心已经属于它了。

我的奥林匹克生涯已经结束了。

我第一次得 NBA 总冠军后,我父亲就劝我退役。我们当时的看法有很多不同,因为我认为,作为球员我还有许多东西要去证明,第三次夺得总冠军后,我们又谈了一次,我被说服了。

我时刻在承受着新闻媒介所带来的压力,我不会因为他们而离开球场的,这是我自己的抉择。即使我父亲没有去世,我也会做出同样的决定。父亲的去世使我看到了自己的未来,痛苦会一天天地淡漠下去。是他的不幸提醒了我,人的一生是何等短暂,该如何珍惜。我不能太自私,要用更多的时间去陪我的亲人。包括我的妻子、孩子,我需要过一种正常的生活。

我退役以后,很多朋友对公牛队的实力表示怀疑,但我并不担心,这好像父亲送儿子上大学。当然,我不是他的父亲,我告诉他们要相信自己。我认为我们有很多获胜的机会。我也坚信,肯定会有更多的球星诞生的。

我需要一份工作吗?我从来没有考虑过,现在也不想要,我现在要看一看小草是如何成长的,然后再把它们割掉。我当然要经常去看公牛队的比赛,可我不会告诉伙伴们我什么时候去看。我想,我不会完全过一种正常的生活,只不过公众的关注比以往少一些,我会怀念篮球比赛的,我会怀念夺取冠军辉煌的时刻,会怀念每年与队友们待在一起的八个月的美好时光。

这篇演讲是美国篮球巨星迈克尔·乔丹在宣布退役时发表的即兴演说，是一篇典型的即兴演讲。乔丹在自己即将退役之时，发表了这次演讲，围绕自己即将退役这个主题有感而发，回顾了自己的职业生涯，也有对退役后生活的规划和展望；全篇短小精悍，语言简洁。

第二节　即兴演讲的准备

即兴演讲虽说是临时发表的演讲，事先没有做准备，但是作为演讲者，只有充分了解即兴演讲者应具备的素质，并且坚持日常学习和积累，进行知识和能力的储备，在即兴演讲时才能发挥出更好的水平，取得更好的效果。

一、即兴演讲者应具备的素质

1. 一定的知识广度

只有学识丰富，才能在短暂的准备时间内从脑海中找到生动的例证和恰当的词汇，给即兴演讲增添魅力。这就要求演讲者具备一定的专业知识，并能了解日常生活知识，如风土人情、地理环境等。

2. 一定的思想深度

这是指即兴演讲者对事物纵向的分析认识能力。演讲者对内容应能宏观地把握，通过表层迅速认识事物的本质，形成一条有深度的主线。并围绕着这条主线丰富资料，连贯成文，以免事例繁杂、游离主题。

3. 较强的综合材料的能力

即兴演讲要求演讲者在很短的时间里把符合主题的材料组合、凝练在一起，这就要求演讲者具备较强的综合能力，有效地发挥出其知识的广度和思想的深度。

4. 较高的现场表达技巧

即兴演讲没有事先精心写就的演讲词，临场发挥是特别重要的。演讲者在构思初具轮廓后，应注意观察场所和听众，摄取那些与演讲主题有关的人物或景物，因地设喻，即景生情。

5. 较强的应变能力

即兴演讲是一种综合能力的表现，涉及一个人能力的方方面面。加强基本技能训练可以全面提高表达能力。即兴演讲要注重能力的训练，包括观察能力、记忆能力、分析能力、推理能力、机敏能力。

即兴演讲由于演讲前无充分准备，在临场时容易出现意外，如忘词等。遇到这种情况，只有沉着冷静，巧妙应变，才能扭转被动局面，力挽狂澜，顺利完成演讲。

二、即兴演讲的准备

做即兴演讲需要从以下三个方面来进行准备：

（一）知识素养的准备

演讲者的知识积累、兴趣爱好、阅历修养与演讲的成功有着紧密的关系。"巧妇难为无米之炊。"许多演讲者感到演讲的最大困难在于没有演讲材料。这就要求我们平时做有心人，"家事、国事、天下事、事事关心。"广泛地阅读、收集、积累材料，古今中外的人文科学、自然科学都要学习，同时加强自我的思想、道德、情感等各方面的修养。

这是一个长期、琐碎而复杂的工作。重点从以下几方面入手：

（1）多收集历史资料，对那些重要的历史事件、人物的有关情况要熟记，并分门别类地进行整理。

（2）多收集现实资料，对当今国内外发生的重大的政治、经济、文化、科技等各个领域的事件及人物的有关情况要了如指掌，进行思考。

（3）加强记忆，多记名人名言、俗语谚语、古典诗词、经典文学、寓言故事、时文政评等。

（二）临场观察准备

演讲者要尽快观察、熟悉演讲现场，及时收集捕捉现场的所见所闻，包括现场环境（时间、地点、场景布置）、听众、其他演讲者的演讲等，以确定自己的话题，增加演讲的即兴因素。

（三）心理素质准备

既然是有感而发，就要有稳定的情绪，有十足的信心，有必胜的信念，这样才能保证思路通畅，言之有物，情绪饱满，镇定从容。

上台在众人面前讲话会产生紧张情绪是常人都会出现的情况，但是过度的紧张会影响演讲的效果。因此，演讲者需要克服演讲前这种过于紧张的情绪。首先要正视紧张情绪，告诉自己紧张情绪是正常的，再紧张也还是要讲。紧张不是自己逃避演讲的武器，允许自己有紧张的情绪，慢慢做到和它和谐相处。

演讲者可以试着用深呼吸、静思冥想、喝饮料、倾诉、转移注意力等方法来缓解自己的紧张情绪。

以上方法还需要大家在实践过程中多试试，找到适合自己的方法。鲁迅先生曾说："世上本没有路，走的人多了，也便成了路。"这句话用在对付紧张情绪时也是一样："演讲本没有不紧张的人，演讲得多了，也就不紧张了。"大家要多讲多练习，在不断的演讲实践中找到适合自己的方法。

第三节　即兴演讲的技巧

命题演讲有充分的时间可以准备，而即兴演讲的临场性对演讲者提出了更高的要求。即兴演讲对于演讲者在思维能力、对材料的组织能力，以及语言表达能力等方面都提出了较高的要求。因此，掌握一定的即兴演讲技巧能使我们的演讲取得更好的效果。

一、即兴演讲的构思步骤

一般来讲，即兴演讲在进行构思时要遵循以下几个步骤：

1. 审题，确立演讲的主题

审题是演讲的第一步，同时也是最为关键的一步。审题时要弄清楚题目的要求，根据题目的要求确立主题。如果题目中已经确立了要演讲的主题，那么演讲者一定要牢记这个主题，后面的所有观点、材料都必须紧紧围绕这个主题来进行。否则就容易偏离主题，让听众不知所云。

【案例4-3】

在一次即兴演讲训练中，演讲者抽到的题目是《环境与成才》。这个题目是要谈环境和成才之间的关系，至于是什么样的关系，演讲者可以自己去挖掘，但是自己所讲的内容必须能够证明自己的观点。一位演讲者上台后，潇洒自如，侃侃而谈，从申奥成功、中国入世到西部大开发，再到世界互联网大会，甚至到美国总统大选，说了一大堆，直到演讲结束时，还没讲到自己的观点是什么，还没弄清环境和成才之间到底是一种什么样的关系。

而另一位演讲者则从讲故事开始，讲了"动科系一寝室七位女生同时考上研究生"的故事，并由此而生发，来阐述环境对成才的重要性。讲身边的故事，材料鲜活而典型，又能拉近听众的距离，引起听众的兴趣，整个演讲显得生动活泼，观点鲜明，收到了不错的效果。

进行命题的即兴演讲时，首先需要审题，这一步适合命题式演讲。而对于生活中毫无准备的上台讲话，它往往有特定的场景、情境和场合，演讲的主题必然要符合当时的场景、情境和场合，这个主题是已经确定好的，就不需要演讲者再去思考如何确定主题了。

2. 选择合适的材料

选择并利用好材料也是即兴演讲中非常重要的一步。这些材料也就是事实论据和理论论据。演讲重在说理，而支撑观点的佐证材料非常重要。它直接关系着演讲是否具有说服力，是否能够让听众和评委信服。材料可以是大的，比如见诸报刊等媒体的国内外大事件，也可以是自己身边的平凡琐事，但一定要典型。材料也可以与时俱进，关键是要得体，能够有力地支撑中心论点和演讲的主题。

3. 安排结构布局和层次

确定好演讲的主题和选好材料之后，按照什么样的顺序来组织材料，按照什么样的顺序来表现主题，就是这一步要解决的问题。不管是竞赛型演讲还是实用型演讲，演讲具有层次感都会给听众留下深刻的印象。具体组织材料的方法下面会有论述。

4. 设计好开头和结尾

好的开头是成功的一半。对于演讲，好的开头和结尾尤为重要，对于即兴演讲来说也一样。

即兴演讲开头和结尾的方法较多，与命题演讲的方法基本一样。

二、组织材料的方法

材料的组织是体现即兴演讲能力的主要因素之一。它要求演讲者在极短的时间内解决好"说什么"和"怎样说"这两个问题。即兴演讲中材料的组合有并列式、正反式、递进式三种形式。具体如下：

1. 并列式

组合的材料之间是并列的关系。用这种方法组织材料时，往往可以将总题分解成几个小分题，这些小分题之间是并列的关系。

比如，权红在《世界也有我们的一半》的即兴演讲中，谈了三个问题：一是女人没有获得自己的"一半"；二是女人本应有自己的"一半"；三是女人应争得自己的"一半"。这三个分题各自独立又互相连贯，共同阐明同一主题：世界也有我们的一半。这种材料的组合方式可使演讲条理井然，而且极有力量和气势。

2. 正反式

正反式是说在组织材料时，围绕演讲的主题，一方面从正面说明，一方面从反面说明。如侯国锋在《一个青年军人的思考》的演讲中，围绕着"我们应当自强不息"这一主题，先列举一些反面事例，进行分析、批评，然后以一名战士自学成才的事例从正面称赞自强不息的精神。正反对比，效果明显突出，引人深思。

3. 递进式

围绕演讲的主题，材料之间层层递进，一步比一步深入。比如先说明某种现象的具体表现，再追问"为什么"——出现这种现象的原因；继而谈"怎么样"——如何解决问题。一层比一层深入，这种方式就是递进式。

如韩健的演讲《在失败面前挺起胸膛》围绕中心谈了两个问题：一是自己为什么能在失败中崛起；二是自己怎么样从失败中崛起。这两个问题就一层比一层深入，层层递进。

三、即兴演讲中常用的思维方法：

即兴演讲的临场性对演讲者提出了很高的要求。演讲者，从知道自己要发言到上台，往往就只有短短两三分钟的时间。这就要求演讲者在这几分钟里迅速想好上台该说什么，如何说，这要求演讲者具有快速思考的能力。掌握一些常见的思维方法，对提高即兴演讲水平大有裨益。

在即兴演讲中，常用的思维方法有：

1. 逆向思维

逆向思维是指从相反的方向思考问题，即一反传统看法，提出与之相对或相反的观点。这是一种反弹琵琶式的思维模式，它鲜明地表现为对传统的批判精神。

【案例4-4】

对"东施效颦"进行逆向思考

对于这个成语，传统观点认为：东施盲目模仿，无自知之明，结果适得其反。人们普遍对东施持否定态度。运用逆向思维，来找一找"东施效颦"的可取之处有哪些？

（1）东施固然丑陋，但她心中有对于美的追求的勇气和决心，她不怕嘲笑，不怕挖苦，在这一点上，她比那些对西施的美怀恨在心、嫉妒甚至无聊中伤、恶意诽谤的人要强得多。

（2）西施永远是美的，东施永远是丑的。但在现实生活中就不一样了。西施固然天生丽质，但如果不注意自重，而以"美"为资本，追求放纵享乐，"美"就成了"丑"。反之，东施如果保持自尊、自重、自立、自强，并注意提高自己的内在素质，可以改变自己在人们心中"丑"的形象。

（3）东施对什么是"美"，有她自己的判断标准，完全不是盲目。这至少比有些无价值观、对美丑不分的人要清醒理智。那些随波逐流、跟风追潮、人云亦云、无自我、无个性的人应是批判的对象。

以上三个观点就是我们反其道而行之，进行逆向思维的过程。在进行逆向思维时候，要注意观点必须能够自圆其说，有理有据，不要一味地标新立异，以免观点和材料显得牵强。

2. 纵深思维

纵深思维是从一般人认为不值一谈的小事，或无须做进一步探讨的定论中，发现更深一层的被现象掩盖着的事物本质。即"透过现象看本质"。

【案例4-5】

对"8"的深思

第一步：现象描述。

近年来，数字"8"身价倍增，电话号码、门牌号码、牌照号码，一沾上"8"就备受青睐。

第二步：对现象进行分析。

（1）这是历史进步的标志之一，中国人不仅不再认为"越穷越光荣"，而且在物质日渐富足、生活日渐改善之中，又终于可以堂堂正正地喊出"想发财"的心声，无疑体现了历史的进步。

（2）追求者对"8"的狂热迷恋，又表明了其自身精神的空虚。幸运号码拍卖场面之热烈，成交金额之巨，俨然是以富翁们的攀比、炫耀为前提的。在这些"先富起来了"的大腕身上,"发财后怎么办"的精神文明问题已经出现了。

第三步:分析现象背后的原因。

(1)"8"之所以如此受欢迎,与当今某些陋习有很大关系。商界的瞬息万变,财运的难以把握,使有些人将希望寄托于虚幻之中,寄托在"8"上面。"8"的受宠,从更深一层分析,说明中国人传统的心理定式并未改变,信天信地,信"8"信"发",就是不敢信自己。幸运号码背后沉淀着民族心理、民族文化、民族素质等方面的症结,人们应该反思。

(2)其实,只想"发",而没有"发"的能力,不知道怎样"发"。"发"不会从天而降,就是降下来了自己也把握不住,把握不牢。

第四步:解决问题,思考"以后该怎么办"。

如果中国人再这样沉浸在"8"的迷梦中,敢问"发"在何方?

3. 发散思维

发散思维是从同一问题中产生各种各样的为数众多的答案,在处理问题中寻找多种多样的正确途径。多端、灵活、精细、新颖是它的特点。

这种思维方式可以从一个问题出发,突破原有的模式,充分发挥想象力,经过不同的途径、方向,摆脱习惯性思维的束缚,使人产生大量的创造性设想,以全新的视角去探索,产生出更多的设想或答案。

【案例4-6】

在一次有许多中外学者参加的如何开发创造力的研讨会上,日本著名的创造力研究专家村上幸雄应邀出席了这次研讨活动。面对这些创造性思维能力很强的学者同仁,风度翩翩的村上幸雄先生捧来一把曲别针,说道:"请诸位朋友动一动脑筋,打破框框,看谁能说出这些曲别针的更多种用途,看谁创造性思维开发得好、多而奇特!"

片刻,一些代表踊跃回答:

"曲别针可以别相片,可以用来夹稿件、讲义。"

"纽扣掉了,可以用曲别针临时代替……"

大家七嘴八舌,说了大约10多种,其中较奇特的回答是把曲别针磨成鱼钩,引来一阵笑声。村上对大家在不长时间内讲出10多种曲别针用途,很是称道。人们问:"村上您能讲多少种?"

村上一笑,伸出3个指头。

"30种?"村上摇头。

"300种?"村上点头。

人们惊异,不由得佩服这人聪慧敏捷的思维。也有人怀疑。

村上紧了紧领带,扫视了一眼台下那些透着不信任的眼睛,用幻灯片映出了曲别针的用途……这时只见中国的一位以"思维魔王"著称的怪才许国泰先生向台上递了一张纸条。

"对于曲别针的用途,我能说出3 000种,甚至30 000种!"

邻座对他侧目:"吹牛不罚款,真狂!"

第二天上午,他"揭榜应战",走上了讲台。他拿着一支粉笔,在黑板上写了一行字:村上幸雄曲别针用途求解。原先不以为然的听众一下子被吸引过来了。

"昨天,大家和村上讲的用途可用四个字概括,即勾、挂、别、联。要启发思路,使思维突破这种格局,最好的办法是借助简单的形式思维工具——信息标与信息反应场。"

他把曲别针的总体信息分解成重量、体积、长度、截面、弹性、形状、颜色等10多个要素。再把这些要素用一根标线连接起来,形成一根信息标。然后,再把与曲别针有关的人类实践活动要素相分析,连成信息标,最后形成信息反应场。

他从容地将信息反应场的坐标,不停地组切交合。通过两轴推出一系列曲别针在数学中的用途,如,曲别针分别做成1、2、3、4、5、6、7、8、9、0,再做成"加减乘除"的符号,用来进行四则运算,运算出数量,就有1 000万、1亿……在音乐上可创作曲谱,曲别针可做成英、俄、希腊等外文字母,用来进行拼读;曲别针可以与硫酸反应生成氢气;可以用曲别针做指南针;可以把曲别针串起来导电;曲别针是铁元素构成,铁与铜化合是青铜,铁与不同比例的几十种金属元素分别化合,生成的化合物则是成千上万种……

他在台上讲着,台下一片寂静。与会的人们被"思维魔王"深深地吸引着。

许国泰先生运用的方法就是发散思维法。具有发散思维的人,在观察一个事物时,往往通过各种各样的方法牵线搭桥,将思路扩展开来,而不仅仅局限于事物本身,也就常常能够发现别人发现不了的事物与规律。

发散思维的价值更多取决于人本身的阅历、经验和对生活、对人性的认知。只有这些内容不断丰富,发散思维的价值才会越来越高、体现才会越来越明显。所以发散思维本身是要借助于人的生活积淀和思维活力才能体现价值的,这就需要我们在日常生活中要常加练习,多多积累。

4. 综合思维

综合思维是前面三种思维的综合运用,事实上我们在思考问题时,一般情况都是将各种思维综合在一起使用的。

比如上面的这个案例,除了运用我们说的发散思维外,还有逆向思维——别人都在为"曲别针用途有 300 种"而诧异、认为不可能有更多时,许国泰先生逆向为之,研究出了3 000 种直至无数种的用途。这个案例综合运用了发散思维和逆向思维,是一种综合思维的方法。

四、即兴演讲的几种借法

即兴演讲的临场性对即兴演讲提出了更高的要求。即兴演讲要求演讲者在特定的场景和情境下发表演讲或讲话。由于应情应景的要求,演讲的内容一定要结合现场的情境来进行,由现场的情境而生发,说开去,这就要求演讲者会"借用"现场的各种资源。常见的有以下几种"借法":

1. 借景而发

借助现场的景物引发自己的演讲。这个景可以是现场的景色、风景、天气等。

【案例 4-7】

1945 年 5 月 4 日,云南大学、中法大学等校的大学生,在云南大学的操场上举行纪念五四大会,会议开始不久,天便突降暴雨。一些学生离开会场避雨去了,会场秩序大乱。

这时闻一多迎着暴雨站在台上高呼:"热血的青年们过来!继承五四精神的热血青年站起来!怕雨吗?我来讲个故事:今天是天洗兵!武王伐纣那天,陈师牧野的时候,军队正要出发,天下大雨,于是领头人说:'此天洗兵。'把蒙在甲胄上的灰尘洗干净,好上战场攻打敌人。今天,我们集合起来纪念五四运动,天下雨了,这也是天洗兵,不怯懦的人上来,走近来!勇敢的人走拢来!"

闻一多这段即兴演讲的开场白,成功地借用了现场的天气——雨来发表演讲。"景(雨)"和"情(下雨)",引出武王伐纣的故事,"天洗兵"的壮志豪情,进而号召青年们继承五四光荣传统,经受暴雨的洗礼,做一个坚强的民主革命战士。这段开场白既切景、切情,又切合大会的宗旨,颇具鼓动力、号召力。

2. 借情而发

演讲者即兴演讲的开头,从沟通与听众的感情入手,选择与听众息息相关或最为听众所接受的话题,引发听众与自己在心理上的共鸣。

【案例4-8】

1914年,英国首相丘吉尔在美国圣诞节的即兴演讲是这样开头的:"我的朋友,伟大而卓越的罗斯福总统,刚才已经发表过圣诞前夕的演说,已经向全美国的家庭致友爱的献词。我现在能追随骥尾讲几句话,内心感到无限的荣幸。我今天虽然远离家庭和祖国,在这里过节,但我一点也没有异乡的感觉。我不知道,这是由于本人的母亲血统和你们相同,抑或是由于本人多年来在此所得的友谊,抑或是由于这两个文字相同、信仰相同、理想相同的国家,在共同奋斗中所产生出来的同志感情,抑或是由于上述三种关系的综合。总之我在美国的政治中心——华盛顿过节,完全不感到自己是一个异乡之客……"

丘吉尔在这里动用了感情沟通法,把美国总统罗斯福说成是自己的朋友,在心理上缩短了演讲者与听众之间的心理距离,取得了良好效果。

3. 借境而发

主要是借现场的环境而发,包括现场、会场的名称、现场的气氛等。

【案例4-9】

鲁迅先生曾在厦门中山中学做过一次演讲,他开头说:"今天我能够到你们这学校来,实在很荣幸。你们的学校名叫中山中学,顾名思义,是为纪念孙中山。中山先生致力于国民革命四十年,结果,创造了中华民国。但是现在军阀跋扈,民生凋敝,只有'民国'的名目,没有民国的实际。"

鲁迅从演讲的会址中山中学入题,敏锐地把握演讲的会址命名的由来,在"中山"上寓于深刻的含义,一针见血地指出名与实之间的强烈反差,从而激发了中山中学师生们的革命热情,为完成中山先生未竟事业而奋斗。

群众性集会多有特定的地点、特定的内容以及各不相同的气氛。演讲者即兴演讲的开头,可以当场捕捉住这特殊的气氛,用以充实演讲内容。

【案例4-10】

上海市新闻工作者协会主席,原《解放日报》总编辑王维同志,一次出席上海市企业报新闻工作者协会成立大会,这次会议是在上钢三厂新建的俱乐部会议厅召开的。他即兴演讲的开头说:"我来参加会议,没有想到有这么好的会场,这个会场不要说是市企业报记者协会成立大会,就是市记协成立大会也可以在这里召开。没想到有这么多的企业报记者、编辑参加这个大会,它说明企业报的同仁是热爱自己的组织、支持这个组织的。没有想到今天摆在主席台上的杜鹃花这么美丽。鲜花盛开,这标志着企业报记者协会也会像杜鹃花一样兴旺、发达……"

他的演讲赢得阵阵掌声。王维同志的开场白在会场、人员和鲜花上做文章,把三者巧妙地联系起来,揭示了企业报记协雄厚的经济实力,表达了对企业报记协的美好祝愿。

4. 借物而发

有的演讲者在开场白中采用以物证事的方法,借用现场的某种具体事物,达到暗示事理的目的。

【案例4-11】

在上海市"钻石表杯"业余书评授奖会上,在众人的即兴演讲中,《书讯报》主编贲伟同志的演讲独具一格,他的开场白尤为精彩:"今天,我参加'钻石表杯'业余书评授奖会,我想说的是一句话:钻石代表坚韧,手表意味着时间,时间显示效率。坚韧与效率的结合,这是一个人读书的成功所在,一个人的希望所在。"

贲伟同志的开场白超脱了恭维话的俗套,借助现场的会场冠名——钻石来发表演讲,以"钻石"象征"坚韧"、"手表"象征"时间"的修辞手法,给人的是力量、启迪与深思。语义深刻,言简意赅地揭示了读书求知、读书成才的道理,令人回味无穷。

第五章　沟通概述

　　1990年1月25日,阿维安卡52航班飞行员与美国肯尼迪机场之间的无效沟通,导致了一场严重的空难事故。

　　这趟航班的机长是劳雷阿诺·卡维德斯,副机长是毛利西奥·克劳斯。他们从哥伦比亚的麦德林起飞,飞往美国纽约的肯尼迪机场。当晚美国的气象条件很糟,浓密的大雾导致各地的许多航班无法起飞和降落。肯尼迪机场也因大雾弥漫,99趟航班无法降落,造成了严重的空中交通拥堵的现象。

　　阿维安卡52航班在空中盘旋了77分钟,仍无法降落,而燃油即将耗尽。机长雷阿诺·卡维德斯命令副机长毛利西奥·克劳斯说:"赶快告诉机场塔台,我们没有油了!请求紧急降落!"

　　毛利西奥·克劳斯马上通过电台与塔台联系:"爬升高度,保持3 000米。嗯,我们的燃油耗尽了,长官。"

　　但机场塔台的调度人员以为,阿维安卡52航班和其他航班平时都为尽快降落而发过类似的请求,因此这一次没有同意他们降落的请求。结果惨剧发生了:阿维安卡52航班因燃油耗尽而坠毁,73人遇难。

　　分析这次空难的原因:飞机本身没有机械故障,一切正常;等待降落的航班实在太多,塔台似乎也没有责任;飞行员也说明了紧急情况,尽到了职责。但飞机却因燃油耗尽而坠毁,机上73名人员全部遇难。到底是什么地方出了问题?

　　是双方的沟通出了问题!

　　只有沟通的双方都充分表达了自己的看法,并且形成了一致的观点,达成了共识,才是有效的沟通。阿维安卡52航班在燃油即将耗尽的紧急情况下,航班副机长却轻描淡写地对指挥台说:"爬升高度,保持3 000米。嗯,我们的燃油耗尽了,长官。"以至于让塔台产生了误解,误以为拉阿维安卡52航班还像平时一样,是为了尽快降落而发出这样的请求。因此没有同意他们降落的请求,从而导致了灾难的发生。

　　沟通看似简单,但是稍不注意,就会造成无效沟通,并因无效沟通带来巨大的灾难。

　　21世纪,我们所处的时代各行各业的竞争越来越激烈,要在这激烈的竞争中占据一席之地,就必须提高自己的核心竞争力。而有效的沟通能力是核心竞争力的重要组成部分。有效的沟通是我们工作、生活的润滑剂,只有提高我们的沟通能力,进行有效的沟通,才能够消除隔膜,达成共同愿景,取得一致,共谋发展。

第一节 沟通的作用

英国文豪萧伯纳曾说："假如你有一个苹果，我也有一个苹果，而我们彼此交换这些苹果，那么，你我仍然是各有一个苹果；如果你有一种思想，我也有一种思想，而我们彼此交换这些思想，那么，我们每个人将各有两种思想。"这短短一句话很好地概括了沟通的重要作用。

在快速发展的新世纪，沟通在人们的工作和生活中发挥着越来越重要的作用。

一、良好的人际沟通有助于个人的心理健康与自我完善

马克思指出："人是一切社会关系的总和。"人是社会的动物，社会是人与人相互作用的产物，社会是个人生存的基础，个人的生存和发展都离不开社会。在马斯洛的需求层次论中，无论是哪一层次需要的满足，都离不开与外界的沟通和交流。而个人与社会发生联系、融入社会，就必须与生活在这个社会上的其他人进行人际往来和沟通。

但是，这种沟通能力并不是我们与生俱来的，它需要后天的学习和培养。拥有良好的沟通能力、获得良好的人际关系是我们健康生活的保证。良好的沟通能力不仅可以增强一个人的人格魅力，培养一个人自信、开放、勇敢的心理素质，而且可以增强一个人对学习、生活环境的适应能力，也更容易让他人聆听你的意见和建议从而选择帮助你。良好的沟通能力是一个人能够尽快融入社会、健康成长和成才的必要条件之一。

相反，沟通能力差的人在生活工作中更容易出现各种矛盾和问题，又不善于解决，往往会被边缘化，人际关系紧张，并随之产生心理问题、感情问题等，严重的还会影响身体健康。

二、事业的成功需要沟通

沟通能力是一个人事业成功的重要条件。良好的沟通能力带给人幸福感、安全感和归属感，能给人心理上的慰藉、精神上的愉悦和情感上的满足。相反，不良的沟通能力会导致精神压抑、紧张、孤独、寂寞等不良情绪，损害人的身心健康，使人失去事业成功的基本保证。

良好的沟通能力能够让你快速传递和获取信息，提高工作效率。学习生活中信息的采集、传送、整理、交换，无一不是沟通的过程。通过沟通交换有意义、有价值的各种信息，生活中的大小事务才得以开展。掌握低成本的沟通技巧、准确地进行沟通能提高办事效率，而积极地获得信息更会提高人的竞争优势。好的沟通者可以一直保持注意力，随时抓住内容重点，找出所需要的重要信息。他们能更透彻了解信息的内容，拥有最佳的工作效率，并节省时间与精力，获得更高的生产力。

良好的沟通能力是工作得以顺利进行的保证。一个单位的员工之间进行交流，包括相互在物质上的帮助、支持和感情上的交流、沟通，信息的沟通是联系企业共同目的和企业中有协作的个人之间的桥梁。同样的信息由于接收人的不同会产生不同的效果，信息的过

滤、保留、忽略或扭曲是由接收人主观因素决定的,是他所处的环境、位置、年龄、教育程度等因素相互作用的结果。由于不同的人对信息感知存在差异性,因此人类需要进行有效的沟通来弥合这种差异性,以减小由于人的主观因素而造成的时间、金钱上的损失。而在信息的流动过程中也会产生各种矛盾和阻碍因素,拥有良好的沟通能力,才可以进行有效的沟通,才能化解这些矛盾,使工作顺利进行。

三、沟通是社会稳定、国际合作以及人类共同进步的必要手段

事实上,人类社会一开始就以沟通作为基本生活方式,通过沟通,通过能用以沟通的各种媒介,如身体、石器、棍棒、叫声、语言等,人类互相传播着各种生活信息,为自己提供生活所需的物品,甚至抵御来自其他生物的威胁。当今时代,沟通的主题没有改变,但是沟通的方式和工具已远远超越以前的一切媒介。

不难看出,沟通涉及人类群体文化的交流和思想的传播,是人类集体活动的基础,也是人类存在的前提。可以说,如果没有沟通和群体活动,人类群体就无法发展和壮大。正是沟通,人类才从个体走向群体,并不断发展壮大才形成了原始人群和部落,不断进化形成了人类社会。所以说,人类的发展和社会的产生进化离不开沟通。

沟通是人类社会的基本特征和活动之一。没有沟通,就不可能形成人类社会。家庭、企业、国家,都是十分典型的人类组织形态。沟通是维系组织存在,保持和加强组织纽带,创造和维护人类社会文明文化,提高组织效率、效益,支持和促进社会不断进步发展的主要途径。

小到个人、团队,大到企业、国家,无一不需要并且应该重视沟通。国际社会的主题是和平与发展,沟通和对话是世界和平发展的需要。沟通也是社会和谐的必要条件。

第二节 沟通的定义及要素

一、沟通的定义

沟通是人类社会的基本行为方式之一,可以说,沟通作为一种行为方式伴随着人类社会的产生而产生,伴随着人类社会的发展而发展。沟通行为大量地存在于人们的日常生活中,几乎到了无处不在、无时不有的程度。正由于沟通行为的常见性和复杂性,人们对沟通的定义也是仁者见仁,智者见智,各抒己见,莫衷一是。国内外关于沟通的定义就有一百多种。

《大英百科全书》对沟通的定义是:"用任何方法,彼此交换信息。即指一个人与另一个人之间用视觉、符号、电话、电报、收音机、电视或其他工具为媒介,所从事的交换消息的方法。"该定义侧重于个人与个人之间的沟通,其实生活中还有个人与群体、群体与群体之间的沟通。

《韦氏大辞典》将沟通定义为:"文字、文句或消息之交通,思想或意见之交换。"这个定义高度概括,简洁明了,但缺省了沟通所凭借的工具或渠道,给人以遗珠之憾。

中国学者苏勇在其编著的《管理沟通》一书中,从管理的角度,特别是从领导工作职能的要求出发,吸收了信息学的研究成果,对沟通做了这样的界定:"沟通是信息凭借一定符号载体,在个人或群体间从发信者到接收者进行传递,并获取理解的过程。"

通过对以上几种定义进行分析,我们可以发现,沟通主要包括三个层面的意思:

(1) 沟通首先是信息的传递。

如树林中有一棵树倒了,却没有人听见,那么它是否发出过响声?从科学的角度讲,确有响声;但从沟通学角度讲,响声是不存在的。

沟通要有信息内容,并且这种信息内容不像有形物品一样由发送者直接传递给接受者,在沟通过程中,信息的传递是通过一些符号来实现的,例如语言、身体动作和表情等。这些符号经过传递,往往都附加了传送者和接受者一定的态度、思想和情感。

(2) 信息不仅要传递,还要被充分理解。

法国作家大仲马到德国一家餐馆就餐,他想吃蘑菇,因为语言不通,在一张纸上画了一个像蘑菇的图案。一刻钟后服务员却给他拿来了一把雨伞。这是错误的信息理解。

有时候,接收者理解了信息但不一定接受。很多人认为良好的沟通就是让对方接受你,但事实上,接收者可以很明白你的意思却不同意你的看法。当一场争论持续了相当长的时间时,旁观者往往断言这是由于缺乏沟通导致的。然而调查表明,此时恰恰正进行着大量的沟通,他们中的每一个人都充分理解了对方的观点和见解,只是在原则和立场上存在着一些分歧。当然,最后还是要达成协议,只是过程是反反复复的。

(3) 沟通要在信息传递和被理解的基础上互动反馈。

乔丹和皮蓬都说过,在球场上两个人的沟通相当重要,从相互的眼神、手势、表情中获知对方的意图,才能达到默契。

沟通是一个互动反馈的过程,给予说话人适当的回应,可以使谈话更加深入和顺利。双方在反馈、理解等基础上,不断调整立场、观念和目标。现代商务沟通更是这样一个复杂的过程。

综上我们可以得出:所谓沟通,是指人们在一定的交际环境或背景中借助相同的言语或非言语的符号系统,相互传递、交换并理解信息,达到消除隔阂、寻求共识、达成一致目的的任何过程。如果信息传递、交换和理解获得成功,则是有效沟通;反之,则是无效沟通。由此可见,"沟"是手段,"通"是目的。

二、沟通的要素

沟通受到多种因素的影响,是一个非常复杂的过程。沟通的整个过程可以分解成若干个因素,具体来讲有以下一些要素:

1. 信 息

信息是指沟通者试图传达给别人的内容,这种内容往往附加有沟通者的观念、态度和情感。沟通者附加的态度和情感主要通过声调、语气、语速、附加词、语句结构以及表情、神态、动作等方式加以传递。这种信息可能是直接明确的，即内容通俗易懂，直截了当，无须思索和逻辑推理；也有可能是间接隐晦的，需要深刻理解和推理才能弄懂其中的内容和含义。

2．信息源

信息源是指拥有信息并试图进行沟通的人，即沟通者。沟通的目的各有不同，可能只是为了提供信息，或为了影响别人，或为了与人建立某种联系等。沟通者的概念是相对的，在整个沟通活动中，沟通双方往往互为沟通者和信息接收者。

3．信息接收者

信息接收者即指接收信息的人。信息接收者的信息接收是一个复杂的过程，包括一系列注意、知觉、转译和储存等心理活动。信息接收者有可能是多人，如正在听课的学生、听取演讲的听众、群体性事件中被说服的人群等，也可能仅仅是自己，如自我沟通。

4．编码与译码

信息只有在表现为符号时才能得以传递。编码是发信者将其信息与意义符号化的过程。也就是说，发信者将要发送的信息编成一定的符号形式（如语言、文字、手势、表情等）发送给对方。与编码相反，译码简称为符号解读，是接收者将符号化的信息还原为意义并理解其含义的过程。

如果把发信者发出的信息称为信息 A，把经过编码与译码两个过程后形成的信息称为信息 B，那么完美的沟通应该是信息 B 与信息 A 的完全吻合。也即编码与译码完全"对称"，"听"的和"说"的没有走样。做到这一点需要有一个前提条件，就是双方拥有相同或类似的背景、经验，拥有相同的符号系统。如果双方对信息符号表达的内容缺乏共同的背景、经验，或双方编码和译码的代码系统不一致，就会无法解读信息，导致沟通失败。

大家在很多影视剧里会看到这样的情节：我党的地下工作者在窗台上放了一盆花，前来接头的同志就会知道目前是安全的；如果将花盆拿进屋内，接头的同志立即明白此处已被敌人发现，会迅速离开。一个不会"说话"的花盆，神不知鬼不觉中传递出了重要的信息。为什么会产生这种效果呢？

因为我党地下工作者使用的信息符号（花盆）的含义只有约定的双方才知晓，他人很难了解其中的意思，也就是说这种符号不具备社会的通用性。敌人看到窗台上的花盆，无法破译这种符号，当然也就不能知晓其中的含义了。

此外，发信者在编码过程中必须充分考虑到接收者的接受能力和文化程度，注重信息内容、符号的易懂性，便于接收者在译码过程中正确地理解信息的本来意义。

5．信　道

信道也就是信息通道，是由发信者选择的借以传递信息的媒介物。例如，人们在面对面的沟通中，口语就是双方沟通的通道；当人们通过互联网沟通时，聊天工具或电子邮件就是其沟通的通道；在特定情景下，人们通过表情、手势来表达某些特定的意思，这时的非言语就是其沟通的通道。

选择合适的沟通通道十分重要。不同的沟通目的、不同的信息内容与不同的沟通背景，要求发信者选择不同的通道。例如，公司的战略决策事关企业兴衰，就不宜通过口头形式传达给员工，而应采取书面文件作为通道下发给员工。人们可以同时或先后使用两种或多种沟通通道进行沟通。如先口头沟通，然后使用书面沟通跟进。进行口头沟通时，还可以运用其他的沟通通道，如手势等进行沟通。由于各种沟通通道都有各自的特点和利弊，因此，在选择沟通通道时要因时制宜、因地制宜、因人制宜，根据沟通的目的和内容，正确选择沟通通道。

在通信技术高度发达的今天，口语仍然是最有效、最常用的沟通通道。

6. 反　馈

反馈是指信息接收者对信息的反应。反馈可以反映出信息接收者对信息的理解和接受状态。根据信息接收者对信息的理解、接受状态，反馈可分为正反馈、负反馈和模糊反馈。

如果反馈显示出信息接收者理解并接受了信息，如当事人对调解员所说话题饶有兴趣或者点头称是，则这种反馈为正反馈；如果反馈显示出信息没有被理解和接受，如听者一脸的茫然或直接打断说"我不懂你的意思"，说明听者并没有理解信息的内容；如果听者表现出很不耐烦的神态，阻止沟通者再说下去，表明不同意沟通者的见解时，则这种反馈为负反馈；如果信息接收者对信息的反应处于不确定状态时，即信息不够充分，接收者无法决定接受与否，这种反馈则为模糊反馈。模糊反馈并不是说接收者没有反应，接收者已经理解并接收到了信息，虽然接收者没有明确的表态，但信息会对接收者产生一定的影响。

反馈不一定来自对方，沟通者也可以在信息发送过程中自行获得反馈信息，比如沟通者发觉自己所说的话有误或不够准确，也会对此自行做出调整，心理学家称之为自我反馈。在自我沟通中常伴随有自我反馈。

沟通属于一种交互作用，在实际的沟通过程中，沟通的双方都在不断地将反馈信息回传给对方，始终处于一种双方互相传递和反馈信息的过程，任何一方既是沟通者也是反馈者。如果一方缺乏反馈或者出现负反馈，则会造成沟通的阻断，导致沟通无法继续进行，比如对方面对沟通者的说辞无动于衷甚至反感，沟通者的沟通则会以失败而告终。

7. 噪　音

噪音是影响沟通的一切消极、负面因素。通常可以把沟通噪音定义为妨碍资讯沟通的任何因素。它存在于沟通过程的各个环节，并有可能造成资讯损耗或失真。典型的噪音主要包括发送噪音、传输噪音、接受噪音、系统噪音、环境噪音、背景噪音及数量噪音七大噪音。

例如用电话沟通时，电话线路不好，对方无法听清你说得很清楚的话；用电子邮件进行沟通时，电子邮件设置出现问题，对方无法按时收到你的电子邮件；用书面文档进行沟通，但经过多次复印后，文档部分字迹已不清晰，致使对方无法准确理解；一封重要会议纪要在送到总经理办公室的过程中丢失了，即资讯全部遗失；请人传话时，传话者对资讯进行了修改或表述不清等，这些都是在沟通的资讯传递通道或渠道中存在的妨碍沟通的因素，都应该属于传输噪音。

又如在企业中，有的领导有点芝麻大的小事喜欢开个大会，有的员工有点鸡毛蒜皮的事就喜欢找领导汇报两三个小时，借此推脱自己本应担当的工作和责任，等等，这些都是资讯数量噪音。资讯数量噪音产生原因在于沟通者对沟通的必要性、意义、信息量和沟通频率缺乏认识和把握。

此外，还有发送噪音、接受噪音、系统噪音、环境噪音和背景噪音，就不在这里一一赘述举例了。

8. 环　境

环境是指沟通行为发生的场所或物质空间，是围绕着沟通空间直接或间接影响沟通的各种客观因素的总和。主要包括建筑、摆设、物品、颜色、味道、声音、温度、湿度、光线等。

科学研究证明，环境会对人产生很大的影响。心理学家明茨在20世纪50年代做过的一个实验说明了环境对人的巨大影响。在进行实验之前，先布置好两个房间：一间房窗明几净，庄重典雅，所谓beautiful room，简称"B"；另外一间房破烂简陋，凌乱不堪，所谓ugly room，简称"U"。实验对象分别被安排在这两个房间里，每个人必须对10张相片上的人做出判断，说出他（或者她）是"精力旺盛的"还是"疲乏无力的"，是"满足的"还是"不满足的"。结果处在"B"房间里的实验对象倾向于把照片上的人看成"精力旺盛的"和"满足的"；处在"U"房间里的人则倾向于把照片上的人看成是"疲乏无力的"和"不满足的"。可见，环境影响人的心态，改变人们对客观事物的看法。选择良好的沟通环境，对于沟通的成功是十分重要的。

在日常生活中的实践也证明：环境对人的影响力度是很大的。例如，在一个豪华的五星级酒店里，人们会不自觉改变或调整自己的沟通行为，使自己的言谈举止更加文明，与豪华酒店这个沟通环境的要求相符合。在高档的社交舞会上，男士们都会显得举止优雅，女士们则表现得温婉可人，力求与身处的环境档次相一致。

不同的环境往往形成不同的沟通气氛。会议室是进行公务沟通的好地方，但对恋人间的沟通来说，选择会议室显然不合适。他们更愿意去咖啡厅，那里环境幽静，服务周到，很适合私人间的情感沟通。

科学实验和沟通实践都证明环境对人会产生很大的影响。如何根据沟通的目标和沟通双方的实际情况，选择或者创造适当的沟通环境，对于保证沟通成功具有十分重要的意义。

9. 背　景

沟通行为都是在某一特定背景中发生的。任何形式的沟通都会受到背景因素的影响和制约。有什么样的背景，沟通双方就会采取与之相适应的沟通行为和方式。对一个员工来说，与新上司沟通所采用的方式不可能和老领导沟通时采用的方式一样。与地位高的人沟通和与地位低的人沟通，所采用的方式和方法也是不同的。一方面，沟通的行为和方式可由沟通双方所掌握；另一方面，沟通行为和方式的选择也会受到环境和背景因素的影响。一般来说，影响沟通的背景因素有心理背景、社会背景、文化背景和信誉背景。

不同的国家或民族有着不同的文化背景，文化背景的差异会造成沟通障碍。例如，中国人见面常问"吃了吗""上哪儿去"，这是一种友好的表示，类似于"你好"。如果对西方人也这样打招呼，对方就会不愉快，认为是干涉他的私事。

汉语中的一些习惯用语，往往体现了中华民族的独特文化。例如，"丢卒保车"来源于中国的象棋文化，比喻为牺牲局部利益，保全整体利益；"马后炮"是中国象棋的术语，引申到生活中是指不及时的帮助；"红娘"是我国古典戏剧《西厢记》中的一个人物，当红娘就是做媒人。这些词语的意思，中国人一般都理解。可在跨文化交流中，不了解中国文化的西方人就无法理解："丢卒保车"的"车"是什么意思？"马后炮"说明了什么道理？西方人认为，"红娘"就是穿红衣服的女人，当一个男性表示愿意当"红娘"时，西方人就会感到不可思议。

心理背景、社会背景、文化背景和信誉背景是沟通过程中看不见、摸不着但又客观存在的并对沟通产生影响的隐性因素。不论人们是否意识到它们的存在，它们对沟通目标的确定、沟通进程的推进、沟通方式的选择，都会产生重要的影响。

第三节 沟通的分类

沟通可以按照不同的标准划分为不同类型。按照组织管理系统和沟通体制的规范程度，可以分为正式沟通和非正式沟通；按照沟通中信息的传播方向，可以将沟通分为下行沟通、上行沟通、平行沟通以及斜向沟通；按照信息是否以语言为载体进行传播，可以将沟通分为语言沟通和非语言沟通；按照沟通的方向特点，可以把沟通分为单向沟通和双向沟通；按照沟通者的数量，可以将沟通分为自我沟通、人际沟通和群体沟通；按照沟通范围的大小，可以将沟通分为人际沟通、群体沟通、组织沟通与跨文化沟通。

（一）正式沟通和非正式沟通

1. 正式沟通

正式沟通是指在组织系统内部，以组织原则和组织管理制度为依据，通过组织明文规定的渠道进行的信息传递和交流的沟通方式。如某部门公开举行的新闻发布会，就是一种正式沟通。

正式沟通的特点：约束力强、较严肃、权威性高、保密性强等，可以使公共关系保持权威性。缺点是信息需要经过层层传递，缺乏灵活性，效率较低。一般都是单向沟通，缺乏反馈机制，沟通效果难以保证。

2. 非正式沟通

非正式沟通是指在正式渠道之外，通过非正式的沟通渠道和网络进行信息交流，常用来传递和分享组织正式活动之外的"非官方"信息。如人们常说的"小道消息""听别人说""坊间流传"等，就是非正式沟通。

非正式沟通特点：传播时间快、范围广、效率高、可跨组织边界传播等。但是涉及的沟通主体较多，常会造成说风是雨、以讹传讹等不良后果，导致传播的信息失真等问题。

（二）下行沟通、上行沟通、平行沟通以及斜向沟通

下行沟通（downward communication）是指在组织或群体中，从高层次向低层次进行的沟通活动。比如组织内部上级向下级传达指示，发布命令、通知、通报等。

上行沟通（upward communication）是指组织或群体中，从低层次向高层次进行的沟通活动，多用于下属人员流向管理者的汇报或其他工作活动，或者是通过组织内部系统自下而上地反映意见。

平行沟通（lateral communication）则是指组织内部同一阶层或职级的人员之间的横向沟通，多用于各部门的协调合作工作。

斜向沟通（diagonal communication）是指发生在不同工作部门和组织层次的员工之间的沟通。

（三）语言沟通与非语言沟通

1. 语言沟通

语言沟通是指沟通者以语言符号的形式将信息发送给接收者的沟通行为。它是以自然语言为沟通手段的信息交流。语言有口语和文字两种形式，所以，语言沟通可分为有声的语言沟通和无声的语言沟通。有声的语言沟通是用口语，即讲话的方式进行沟通，如谈话、讲课、演讲、打电话等；无声的语言沟通，是用文字，即书面语言的方式来传播，如写信、贴布告、发通知、写字条、写板书、拍电报和发电子邮件等。

2. 非语言沟通

非语言沟通：指沟通者以非语言符号的形式将信息传递给接收者的沟通行为。它是以表情、动作等为沟通手段的信息交流。面部表情和眼神、身体动作和姿势、个人空间和距离、气质、外形、衣着和随身用品、触摸行为等都是非语言符号，是非语言沟通的沟通工具。

比如，在与别人交流时，我们不仅要听他说的话，也要根据语言之外的身体、表情、动作等来了解他们的心理状态和真实的感受。如果别人在和你说话时，不停地叹气、伸懒腰、打哈欠、东张西望、看时间，那表明他已经心不在焉，甚至感到厌烦了；如果看到别人不断敲打桌面、双手互捏、坐立不安时，那说明他此刻正焦虑、紧张着；如果发现别人瞳孔放大、面颊泛红、还不停地搓手时，那估计是他遇上什么好事正在兴奋；如果你发现别人说话语意不连贯，下意识地摸下巴、摆弄衣角，或是将手藏在背后，那么他很有可能正在说谎。

（四）单向沟通与双向沟通

单向沟通是指信息仅从发送者流向接收者。指信息发送者以命令方式面向接收者，一方只发送信息，另一方只接收信息，双方无论在语言上还是情感上都不存在信息反馈。如电话通知、书面通知、广播电视信息、报告、演讲、发布指令、下命令等。

双向沟通则是指信息的发送者和接收者的角色发生改变，信息在两者之间双向传递的过程。指信息发送者以协商、讨论或征求意见的方式面向接收者，信息发出以后还需要及

时听取反馈意见，必要时发送者与接收者还要进行多次商议交流，直到双方共同明确和基本满意为止。如讨论、面谈、协商、谈判等。

有关研究表明：单向沟通的速度比双向沟通快；双向沟通的准确性比单向沟通高；双向沟通中有更高的自我效能感；双向沟通中的人际压力比单向沟通时大；双向沟通动态性高，更容易受到干扰。

（五）群体沟通、人际沟通与自我沟通

群体沟通，又叫小组或者团队沟通，是指在三个及以上的个体之间进行的沟通。个体和群体之间以及群体和群体之间的一对多、多对多的正式或非正式沟通，比如会议、演讲、谈判等，都属于群体沟通。

人际沟通是指在两个人之间的信息交流过程，最大的特点是有意义的互动性。即，人际沟通必须是两个人之间的，有信息的发送者及接收者，同时有传播信息的媒介，并且双方能达成理解上的一致。比如两个朋友之间聊天或是打电话。

自我沟通信息的发送者和接收者都是由一个人来完成。比如说自我安慰、自我反省等。

（六）人际沟通、群体沟通、组织沟通与跨文化沟通

人际沟通：就是指人和人之间的信息和情感相互传递的过程。它是群体沟通、组织沟通，乃至管理沟通的基础。比如人际交往中的沟通，朋友间的聊天等。

群体沟通：当沟通发生在具有特定关系的人群中时，就是群体沟通。比如会议、演讲等。

组织沟通就是涉及组织特质的各种类型的沟通，它不同于人际沟通，但包括组织内的人际沟通，是以人际沟通为基础的。比如组织内部的会议等。

跨文化沟通：指发生在不同文化背景下的人们之间的信息和情感的相互传递过程。它是同文化沟通的变体。相对于同文化沟通而言，跨文化沟通要逾越更多的障碍。比如不同国家之间的人进行的沟通。例如，跷大拇指这一动作，中国人表示"赞扬"的意思；在英国、新西兰和澳大利亚等国家，数数时用大拇指代表"5"，另外，跷大拇指在上述国家里还是种表示请求的体态语，旅游者要求搭便车时就用这种手势；同样是跷大拇指，在希腊则成了让对方"滚蛋"的意思，是对人的极大不敬。可想而知，如果一个中国人使用这一手势来赞扬希腊人，将会出现怎样的尴尬场面；如果一个澳大利亚人在希腊旅游时使用这个手势请求搭车，将会是一种什么后果。

第四节　沟通的原则

通用电器前 CEO 杰克韦尔奇说："沟通比权力更重要。"松下电器创始人松下幸之助也说："管理过去是管理，现在是沟通，未来还是沟通。"要进行良好的沟通，取得好的沟通

效果，在交流沟通时要把握好一系列基本原则和方法。

一、尊重的原则

社会心理学家和比较心理学家马斯洛在1943年发表的《人类动机理论》中提出了著名的人类需要层次论。马斯洛将人类的需要分成五个层次，其中尊重需要属于第四层次。尊重需要包括自我尊重的需要和获得别人尊重的需要。被尊重是人的本质需要，人们渴望被人肯定，受到称赞，尊重是人际沟通的首要原则。

尊重别人是人际沟通中最起码的美德，也是良好关系赖以维持的条件，更是建立良好人际关系的基础。要想得到别人的尊重，首先要尊重别人。尊重别人体现在以下几点：要尊重别人的人格和尊严，不能拿朋友的生理缺陷开玩笑，不要揭别人的伤疤，要维护他人的自尊心；尊重别人和自己的不同，不拿自己的标准去评判和要求别人；还要注意尊重他人的不同的生活习惯和性格差异等。在人际沟通中，只有学会尊重别人，才会取得良好的沟通效果。

【案例5-1】

张老师和李老师两人是同事，在一个办公室办公。一天，张老师在办公室里指着个子小的李老师说："你个子最矮，你应该坐靠墙边的桌子。"办公室里很多老师都在，李老师觉得很难堪，生气地站起来就和张老师吵了起来："我是个子矮，也没规定个子矮的就得靠墙坐啊！你这是欺负人！"张老师很淡定地说："怎么这么大反应？我只是和你开个玩笑嘛！"李老师一听，虽然觉得很别扭，但也不好再说什么，只是，她心里开始对张老师有了芥蒂。

张老师拿李老师个子小来开玩笑，实在是欠妥，让李老师感觉在同事面前丢了面子和尊严，是对李老师的不尊重和歧视，难怪李老师会生气。同事之间相处，相互尊重是前提。作为同事，经常在一起工作，要想有个和谐的工作环境，同事之间要互相尊重，尊重对方的人格和尊严，尊重别人的隐私、生活习惯、为人处世的方式，这才是同事之间和谐相处的基础。

二、平等的原则

做人要有人格，要如孟子所说：大丈夫"富贵不能淫，贫贱不能移，威武不能屈"。无论什么人，无论地位高低，渴求平等的心情是一样的。

在人际交往中总要有一定的付出或投入，交往的两个方面的需要和这种需要的满足程度必须是平等的，平等是建立人际关系的前提。人际交往作为人们之间的心理沟通，是主动的、相互的、有来有往。人都有友爱和受人尊敬的需要，都希望得到别人的平等对待。人的这种需要，就是平等的需要。

平等原则就是人们在交往中，不论性别、年龄、民族、职业、文化，没有高低贵贱之分，一律平等；在交往的各个方面都要平等对待、相互尊重、相互爱护；反对以大欺小、倚强凌弱、自恃清高、居高临下。

【案例5-2】

某女生C，在家是独生女，漂亮聪明，学习优秀。堂表兄弟姐妹中数她最出色，父母爷姥万千宠爱。她家庭经济条件好，很早就有自己独立的卧室。到学校后，四人一间宿舍，感到委屈和不适应，经常抱怨寝室同学，还耍娇小姐脾气，支使别人干这干那，好像是理所当然的。这样一来，其他三位同学开始逐渐疏远她，她感到十分孤单，却又不知道别人为什么远离她。

这位同学C已经习惯了在家被人宠，认为被人宠是应该的，宿舍里的同学也应该宠着她，却不知道别的同学和她应当是平等的同学关系。平等是人际交往中的重要原则，也是建立良好关系的基础。在真正的友谊建立过程中，个人的出身、容貌、才智、经济实力、教育水平、成长经历、职业等内部和外部条件虽然存在差异，但每个人在人格上是绝对平等的，交往双方必须以平等、尊重的原则与人相处和交往，才能建立长久稳定的人际关系。

三、互利共享原则

交往互利性是人际交往的一项基本原则，功利性是人际交往的一种基本动力。互利共享原则要求我们在人际交往过程中，要考虑双方的共同价值和共同利益，使双方在交往中都能得到好处和利益，获得心理上的满足和平衡。人际交往中的互利既包括物质层面的互利，也包括精神和感情层面的互利。

在交往的过程中，双方互相关心、互相帮助、互相支持，既可满足双方各自的需要，又可以促进相互的联系。一人有难，众人相帮；一方有难，八方支援。在一个人最需要的时候，如果能得到朋友的帮助，会使他铭记于心，更加深双方的情谊。

【案例5-3】

有一个穷苦的苏格兰农夫，住在荒郊的茅屋里。他叫佛莱明。

有一天，他在田里耕作，忽然听见来自附近沼泽地的呼救声。他迅速跑了过去。看到一个吓坏了的男孩，泥沼已淹没到他的胸部。他在拼命地挣扎，并大声呼救。佛莱明救起了这个本来可能会缓慢而恐怖地死去的少年。

第二天，一驾华丽的马车来到了佛莱明家。从车上走下一位风度翩翩的绅士。自称是昨天被救的那个孩子的父亲。

"你救了我儿子的命。"他说，"我想报答你的恩情。"

"不，不，我不需要你的任何回报。"农夫说。此时，农夫的儿子从屋里走了出来。

"这是您的儿子吗？"绅士问。"是的。"农夫自豪地说。

"那好，我将提供给他和我儿子同样好的教育。"

"如果他有他父亲同样的美德，那么他就会成为一个你我都会为之骄傲的人。"

佛莱明的儿子被送进了最好的学校，随后毕业于伦敦圣玛丽医院医科大学。

他，就是发明盘尼西林（青霉素）而闻名世界的——亚历山大·佛莱明。

几年后，那位绅士的儿子得了很严重的肺炎。

这次，又会是谁来救他的命呢？——盘尼西林。

而被救活的绅士的儿子就是——温斯顿·丘吉尔（英国前首相）。

佛莱明和丘吉尔的故事让人心生温暖，这不仅仅是两个人，而是包括他们的父亲在内的四个人，在相处中都能够想着对方、帮助对方而不计回报，然后在自己最困难、最需要帮助的时候，又得到了对方的帮助。帮助他人其实也是帮助自己，善待他人就是善待自己。

四、相容原则

相容是指人际交往中的心理相容，即人与人之间的融洽关系，与人相处时要能够容纳别人，必要的时候还要包涵、宽容和忍让他人。

俗话说："金无足赤，人无完人。"每个人因为自己的文化背景、教育水平、身份、地位、经历、学识的不同，有着不同的习惯、生活方式、人生哲学和态度。"海纳百川，有容乃大。"在交往中，人们应当"求大同，存小异"，对他人多一些宽容，多一些理解。

人际交往中，要学会待人以宽，豁达大度，只要不是原则性的问题，就不必过于计较。宽容有助于扩大交往空间，滋润人际关系，消除人际间的紧张和矛盾。雨果说过："世界上最宽阔的是海洋，比海洋宽阔的是天空，比天空更宽阔的是人的胸怀。"

一个拥有坦荡宽广胸怀的人在交际中往往能够宽容对方，体谅对方的难处，虚怀若谷，不计得失，心无芥蒂，自然易于被对方接纳、信任，从而建立起良好的人际关系。

反之，心胸狭窄，斤斤计较，挑剔苛求，以己之长，比人之短，则会造成交际双方感情的疏远，甚至导致关系破裂。

【案例5-4】

清朝康熙年间有一位大学士，名叫张英。一天，张英收到一封家信，说家人为了争三尺宽的宅基地，与邻居发生纠纷，要他利用职权，疏通关系，打赢这场官司。张英阅信后，坦然一笑，挥笔写了一封回信，并附上一首诗：千里修书只为墙，让他三尺又何妨？万里长城今犹在，不见当年秦始皇。

家人接信后，让出了三尺宅基地。邻居见了，也主动让出三尺宅基地，结果形成了"六尺巷"。这个化干戈为玉帛、相互包容的故事流传至今，成为美谈。

这两家互不相让，已经闹出矛盾甚至要打官司，还在较劲儿要在打官司上争个输赢。但是，张家先让出了三尺宅基地，邻居也主动让出了三尺。可以看出，包容可以很好地解决人际关系中的矛盾和冲突。

【案例5-5】

物业公司合理应对业主"健身扰民"的解决方案

近年来，群众健身活动在广州掀起热潮，某物业公司管理的小区也活跃着一支中老年健身队。她们昨天学十八法，今天练太极拳，明天跳健身舞，鲜艳夺目的服装、多姿多彩的动作成了小区一道靓丽的风景线。然而，健身活动中播放的音乐却不时扰民，成为业主投诉的导火索。物业公司收到业主投诉后，管理处经理多次亲临现场，探查究竟。

没想到，健身队也是一肚子苦水。小区中老年健身队领队表示，自从退休回家，内心充满失落感和空虚感，身体一天不如一天。参加了晨练队后，心境开阔、筋骨活络，"老死不相往来"的新邻居成了情同手足的好姐妹。但是，健身活动遭到了部分业主的反对，底楼业主把家里的音响、喇叭搬到窗口"对着干"；高层业主朝下扔蛋壳、浇水，健身队伍只好打一枪换一个地方。她们迫切希望物业公司想想办法，帮助她们解决难题。物业管理处经过实地调查研究，拟定了一套解决方案。

（1）寻找场地。小区中庭花园处在两幢高层、一排多层中间，虽然这里环境宜人，但正对着高层的南窗，加上早晨上学、上班时人来车往，无论是从安全角度还是从不"扰民"

角度,都不宜考虑。变电所门口有一块空地可以利用,但十几辆"遗而未弃"的破自行车怎么办呢?

管理处先张贴旧车招领启事,3天后,经理亲自上阵,将破车、旧车一辆一辆地进行处置,有的搬入地下车库,有的劝业主作为废铁卖掉,最终为健身队开辟出了一块健身宝地。同时,管理处还关照邻里之间要相互关心,晨练时尽可能地把音乐音量调到最低限度。从此皆大欢喜,投诉也烟消云散。

（2）及时沟通。小区一位业主遭遇不幸,全家沉浸在悲痛之中。女主人向物业司提出,料理丧事期间,是否停止健身队的音乐播放?管理处马上与健身队联系,请她们配合,健身队干脆停止晨练三天。此举令这位女主人很感动,她激动地说:"失去亲人是一件很悲痛的事情,在我失去亲人、最痛苦的时候,物业管理处能给予理解,并满足我的要求,我永远不会忘记。"

（3）调整时间。物业公司经过与居民委员会、业主委员会多方协调,小区健身队的晨练时间改在早上 7:30~8:30,避开了上学、上班的高峰时间段;练功、学习舞蹈改在晚上7:00以后。健身队不再随意调高音量,队员们在健身中还常常相互提醒,不要大声聊天影响别人。学习新的动作时,她们会自觉到地下室去练习,参加比赛前的排练也都到地下室去进行。"健身"和"扰民"的矛盾终于得到圆满解决。

"做文明业主,塑城市精神"是每一个业主的分内事,但不是每一个业主都能自觉做到。物业公司每天与业主接触,如能从正面多加引导,从人情、人性、人心入手,搞一些能提高业主文明素质的活动,对提高管理质量,建设良好的社区文化和精神文明,将会起到推进作用。

这个小区里生活的人们之间存在着诸多不同和差异,此前各自只考虑自己的需求和利益,殊不知在满足自己利益的同时也损害着别人的利益,别人又为了维护自己的利益来破坏其他人的利益。这样下去,这个小区怎么也不会和谐。物业管理公司就充分考虑了生活在小区里的各类人,兼顾了各类人的想法和利益,同时,小区里的人也学会了换位思考,尊重别人的情绪和需求,照顾别人的利益,这才使得小区更和谐。

我们应以一种宽容的态度对待他人,视彼此的差异为正常合理。在人际交往中,要学会宽容和忍耐,要能够站在对方的角度看问题,即所谓的"换位思考",设身处地地为别人着想,要能够容得下别人的某些缺点和不足,尊重别人那些和自己不同的兴趣和行为习惯,才能建立起长久和谐的人际关系。

第六章　人际沟通障碍及其克服

人际沟通是一种常见的沟通形式，是个人与周围人之间的心理沟通，通过沟通，人与人之间的情感情绪、态度兴趣、思想观点等都得到了交流，是建立、维系人际关系的重要方式。但是，由于沟通者自身素质或外在因素的影响，沟通失败或误解也是常有的事情。这些沟通障碍既有有形的，也有无形的，包括生理、心理、观念以及外在文化环境等。要取得良好的沟通效果，必须要努力克服这些沟通障碍。

第一节　人际沟通障碍

人际沟通障碍又称人际关系障碍，是指人际交往和沟通过程中阻碍人际沟通顺利进行的各种因素。

根据引起人际沟通障碍的原因来划分，主要有文化因素引起的障碍、社会因素引起的障碍以及个人因素引起的障碍。

一、文化因素引起的沟通障碍

文化因素引起的障碍主要是指由于文化背景不同造成的沟通障碍，主要有语言障碍，如语言、文字、有意义的符号在人际沟通过程中的误解、曲解、偏见或歧视；还有民族或群体在情感和意识上的倾向问题。

文化主要是指一个群体的思维方式和核心价值体系。由于不同的国家、地区、民族等有着不同的历史渊源、地域气候和风土人情，因此形成了不同的文化，有着不同的语言。哪怕是对同样一个事物，不同文化背景的人理解也完全不一样。这样就很容易造成沟通的误解。

【案例6-1】

秦牧在《语林采英》一书中讲过一个故事。一个外国人想坐汽车去烤鸭店吃烤鸭，他自己找到了司机，可是没有翻译在场，外国人不懂中国话，司机又不懂外语，他们彼此谈了半天，都弄不清对方的意思。外国人着急了，就平伸两手，作鸭子走路的姿势给司机看，比画了好一阵子，司机点头表示明白了。但是，司机竟把外国人送到了飞机场。原来司机把外国人仿效鸭子走路的动作误当作是学飞机在跑道上滑行了。

从这则小故事可以发现，由于语言障碍、沟通不畅，会给生活带来很多困难。

有时候，由于文化背景的不同，对于同一事物，人们的理解和认识也不一样，也会造成沟通的障碍。

【案例6-2】

一个女生要到美国去留学，请她的中国老师写留学推荐信。这位被推荐的女生成绩优异，积极参加各类社会实践活动，表现突出，还长得很漂亮。在信里这个老师把女生的优秀表现都做了介绍，并且说这个女学生如蝴蝶般美丽多姿。（The girl is as beautiful as a butterfly.）没想到，推荐信却如石沉大海，再也没了音讯。问题出在哪里呢？老师和女生都百思不得其解。

其实，在我们中国的文化中，蝴蝶是"美丽"的化身，而且还带有浪漫的色彩，历史上就有着"庄周化蝶"和梁祝的爱情故事。但是，在美国人看来，蝴蝶却是"轻浮"的别名。用蝴蝶去形容一个女生的美丽，给美国人留下了不好的印象。

不同国家的人有不同的文化，因此，在和不同国家的人打交道时，了解他们的文化是顺利沟通的前提。

外国人与中国人沟通时，应当了解中国有着几千年的悠久历史和文化传统，深受儒家文化的熏陶和浸染。中国人善良好客，如果你对中国人十分真诚，中国人也将以真诚对你。中国人大都懂得尊重别人，因为中国人信奉一个道理——尊重别人就是尊重自己。与中国人相处，要懂得尊重中国人的感情，尊重中国人待人接物的方式。中国人一般都很谦虚，因为儒家文化要求"内敛"。即使是某一方面的专家，也会在对方面前表示谦虚。当然，谦虚只是一种文化熏陶的结果，并不等于在这一领域内不了解情况，没有自信。

二、社会因素引起的沟通障碍

由于人们在社会生活中所处的政治、经济环境以及社会地位、职业等的不同而引起的沟通中的障碍，被称为社会因素引起的障碍。这些障碍主要包括：习俗障碍、社会地位障碍、角色障碍、年龄障碍等。

1. 习俗障碍

风俗即风俗习惯，是在一定文化历史背景下形成的具有固定特点的调整人际关系的行为准则，如道德习惯、礼节礼仪、审美传统等。习俗世代相传，是经长期的积淀并传承下来的。习俗通常因民族而异，有时也因地域而异，因此有"十里不同风，百里不同俗"之说。习俗的不同也成为人际沟通的障碍，所以也有"入境问禁，入乡随俗，入门问讳"之说。

2. 社会地位障碍

社会地位不同的人通常具有不同的意识、价值观和道德标准，从而造成沟通困难。不同阶级的成员，对同一信息会有不同甚至截然相反的认识，政治差别、宗教差别、职业差别等，也会成为沟通障碍。不同党派的成员对同一政治事件往往持不同看法；不同宗教宗派的信徒，其观点和信仰迥异。职业不同常常造成"隔行如隔山"的现象。

地位的差异造成心理的沟通障碍，特别是组织中上下级之间非常明显。根据行政沟通的方向性，分为向下、向上和平行三个方向，一般来说向上沟通在实际中有不少障碍。心理研究表明,下级在向上级汇报工作或主动沟通中,常常带有担心说错、怕承担责任、焦虑等心理,致使沟通无法在宽松流畅的氛围中进行,形成沟通障碍。而在向下沟通的过程中,主动沟通的是上级,虽然会受到欢迎拥护,但毕竟有时会居高临下,造成下属的压迫感和紧张,也会形成沟通障碍。平行的沟通虽然地位的差距不大,但并不会有地位完全相等的两个人,职务的重要与否、职称的高低、资历深浅、组织中成员的认可度等,都会多多少少形成地位的优越感或压迫感、低下感,从而引发心理障碍,造成沟通的不畅。

3. 角色障碍

在社会生活中,每个人都有一定的社会定位和群体角色,每个角色都起着重要的作用,都有着自己角色独特的责任、义务、权利与规范。在人际交往的过程中,需要我们认识自己,明确自己的角色定位,不要做超出自己角色之外的事情,否则会形成角色障碍,影响自己的人际关系。

【案例6-3】

老李在一家工厂工作几十年,当了多年技术厂长,退休后无所事事,经常到儿子开办的公司指手画脚。起初儿子还称赞父亲"姜还是老的辣",后来父亲事无巨细都要管,儿子几经忍耐说出了心里话:"我是公司的法人代表,不要老是把我当小孩,您还是回家歇着吧!"李老先生认为自己有丰富的管理经验,自己说的就是对的,还认为自己是老爸,在家里说了儿子就得听,在厂里说了儿子也得听。父子俩吵得不可开交,一连几个月两人都不说话。

老李当惯了厂长,退休了还觉得自己是儿子工厂的厂长,固守着厂长这个角色;在儿子已经长大成人,开办工厂后,仍觉得儿子什么事都得听他的,又固守着父亲这个角色。老李固守着自己"厂长""老爸"的旧角色,没能适应自己角色的变化,因此父子间产生了矛盾,影响了父子关系。

4. 年龄障碍

由于不同年龄的人生活的年代和环境的不同,造成了不同年龄的人在思维方式、价值观念、生活态度、兴趣爱好等方面存在的心理距离或心理隔阂。这些心理距离和隔阂在人际交往的时候也容易形成沟通障碍。

【案例6-4】

小黄是一家公司的白领,女,36岁,单身。36岁还没结婚,小黄的妈妈可是着急坏了,到处给小黄相亲。找熟人介绍、相亲会、网上征婚,能用的方法都用了。刚开始,小黄还听从妈妈的安排去相亲,可是都没遇到合适的人。后来,妈妈更着急了,只要遇到没结婚的男性,不管工作如何、合适不合适的就让小黄去相亲。还说:"女孩子过了30就掉价了,你都36了,人家男的不嫌弃你就不错了。"小黄更不愿意去相亲了,说没遇到合适的人也不要紧,自己就一个人过也挺好的。这下可是惹怒了妈妈:"我供你吃,供你穿,还供你读到研究生,你要嫁不出去就是失败!这么大年纪了不结婚就是不孝……"小黄再也受不了了,含着眼泪夺门而出……

小黄和妈妈之间因为对待婚姻的态度不同而产生了矛盾。妈妈坚持认为,女人一定要结婚,不结婚是不行的;而小黄则认为,碰不到合适的就一个人过,万一不行就一辈子单身,宁缺毋滥。两人由于年龄不同、观念不同造成了分歧,影响了母女之间的关系。

三、个人因素引起的沟通障碍

生活在这个社会中的每个人都是一个独立的个体,都有着自己独特的经历和个性,也形成了需求、动机、习惯、态度、方法、兴趣、价值观念、心理等方面的不同和差异,这些不同和差异如果不注意沟通的方法和技巧,也会造成人际交往中的障碍。

1. 个人认知的偏误

认知即认识,指人类认识客观事物、获得知识的活动。包括知觉、记忆、言语、思维和问题解决等过程,按照认知心理学的观点,人的认知活动是人对外界信息进行积极加工的过程。在认知自己和他人的过程中,每个人的认知程度水平都是有限的、相对的,都有可能会造成认知上的偏误或偏见,形成人际沟通中的障碍。

(1) 首因效应。首因效应在人际交往中对人的影响较大。人与人第一次交往给人留下的印象在对方头脑中形成并占据着主导地位,这种效应即首因效应。因此,在交友、招聘、求职等社交活动中,我们可以利用这种效应向他人展示一种极好的形象,为以后的交流打下良好的基础。当然,这在社交活动中只是一种暂时的行为,更深层次的交往还需要"硬件"完备,即需要加强在谈吐、举止、修养、礼节等各方面的素质,否则就会导致另外一种效应的负面影响,即近因效应。

(2) 近因效应。近因效应与首因效应相反,是指交往中最后一次见面给人留下的印象,这个印象在对方的脑海中会留存很长时间。多年不见的朋友在自己脑海中的印象最深的其实就是临别时的情景;一个朋友总是让你生气,但谈起生气的原因,大概只能说上两三条,这也是近因效应的一种表现。利用近因效应,在与朋友分别时给予他良好的祝福,你的形象会在他心中美化起来,有可能这种美化将会影响你的生活,因为你有可能成为"光环"人物,这就是光环效应。

(3) 光环效应。我们经常会有这样的感觉,对某个人有了好感后,往往就会忽视他的缺点,甚至他的缺点也会变成优点,这就是光环效应。俗语说:"情人眼里出西施。"情人相恋,双方看到对方的都是优点,这就是光环效应的表现。光环效应有一定的负面作用,就是很难分辨出好与坏、真与伪,也很容易被人利用。所以,在人际交往的过程中要有"害人之心不可有,防人之心不可无"的意识,这就是设防心理。

(4) 设防心理。在两个人独处的时候,你会不时地产生防范心理;在人多的时候,你会感到没有自己的空间,自己的物品是否安在;你的日记总是锁得很紧,这是怕别人夺走你的秘密。这种设防心理在交往过程中也会起到负面作用,过多的设防会让你不敢相信别人,也难以取得别人的信任,会阻碍正常的沟通和交流。

2. 个人心理障碍

人际交往是人们社会生活的重要内容之一,自我的发展、心理的调适、信息的沟通、各种不同层次需求的满足、人际关系的协调,都离不开人际交往。每一个人都希望自己善于交往,都希望通过交往建立和睦的家庭关系、亲属关系、邻里关系、朋友关系、同学关系等。但在人们的实际交往过程中,总是或多或少地存在一些不尽如人意的地方,影响了人际交往的正常进行。

古语说得好："人贵有自知之明。"正确地认识自己不是一件容易的事。而在错误的自我评价中，对交往妨碍最大的莫过于自负、忌妒、多疑、自卑、干涉、羞怯和敌视。

（1）自负。

只关心个人的需要，强调自己的感受，在人际交往中表现为目中无人。与同伴相聚，不高兴时会不分场合地乱发脾气，高兴时则海阔天空、手舞足蹈讲个痛快，全然不考虑别人的情绪和别人的态度。另外，在对自己与别人的关系上，过高地估计了彼此的亲密度，讲一些不该讲的话。这种过于亲昵的行为，反而会使人出于心理防范而与之疏远。

（2）忌妒。

西班牙作家塞万提斯指出："忌妒者总是用望远镜观察一切，在望远镜中，小物体变大，矮个子变成巨人，疑点变成事实。"忌妒是对比自己强的人的一种不服、不悦、失落、仇视，甚至带有某种破坏性的危险情感，是通过把自己与他人进行对比而产生的一种消极心态。当看到与自己有某种联系的人取得了比自己优越的地位或成绩，便产生一种嫉恨心理；当对方面临或陷入灾难时，就隔岸观火，幸灾乐祸，甚至借助造谣、中伤、刁难、穿小鞋等手段贬低他人，安慰自己。正如黑格尔所说："有忌妒心的人自己不能完成伟大事业，便尽量去低估他人的伟大，贬低他人的伟大性使之与他本人相齐。"

忌妒的特点是：针对性——与自己有联系的人；对等性——往往是和自己职业、层次、年龄相似而超过自己的人；潜隐性——大多数忌妒心理潜伏较深，体现行为时较为隐秘。

（3）多疑。

这是人际交往中的一种不好的心理品质，可以说是友谊之树的蛀虫。正如英国哲学家培根说的："多疑之心犹如蝙蝠，它总是在黄昏中起飞。这种心情是迷陷人的，又是乱人心智的。它能使你陷入迷惘，混淆敌友，从而破坏人的事业。"具有多疑心理的人，往往先在主观上设定他人对自己不满，然后在生活中寻找证据。带着以邻为壑的心理，必然把无中生有的事实强加于人，甚至把别人的善意曲解为恶意。这是一种狭隘的、片面的、缺乏根据的盲目想象。

（4）自卑。

美国心理学家的研究表明，儿童时期如果各项活动取得成绩而得到教师、家长及同伴的认可、支持和赞许，他们的自信心、求知欲便会增强，内心会获得一种快乐和满足，从而养成一种勤奋好学的良好习惯。反之，他们就会产生一种受挫感和自卑感。个体自卑感的形成主要是社会环境长期影响的结果。

自卑的浅层感受是别人看不起自己，而深层的理解是自己看不起自己，即缺乏自信。

（5）干涉。

心理学研究发现，人需要一个不受侵犯的生活空间；同样，人也需要有一个自我的心理空间。再亲密的朋友也有个人的内心隐秘，有一个不愿向他人坦露的内心世界。有的人在相处中，偏偏喜欢询问、打听、传播他人的私事，这种人热衷于探听别人的情况，并不一定有什么实际目的，仅仅是以刺探别人隐私而沾沾自喜的低层次的心理满足而已。

（6）羞怯。

羞怯心理是绝大多数人都会有的一种心理。具有这种心理的人，往往在交际场所或大庭广众之下羞于启齿或害怕见人。由于过分的焦虑和不必要的担心，使得人们在言语上支支吾吾，行动上手足无措。长此以往，会影响同他人的正常交往。

（7）敌视。

这是交际中比较严重的一种心理障碍。具有敌视心理的人总是以仇视的目光对待别人。对不如自己的人以苛求表示敌视；对比自己厉害的人用敢怒不敢言的方式表示敌视；对处境与己类似的人则用攻击、中伤的方式表示敌视。周围的人随时有遭受其伤害的危险，因而人们不愿与之往来。

3. 个性障碍

个性障碍主要指由于人们不同的个性倾向和个性心理特征所造成的沟通障碍。气质、性格、能力、兴趣等不同，会造成人们对同一信息的不同理解，为沟通带来困难。个性的缺陷，也会对沟通产生不良影响。一个虚伪、卑劣、欺骗成性的人传递的信息，往往难以为人接受。

（1）气质。

气质是人的个性心理特征之一，是指在人的认识、情感、言语和行动中，心理活动发生时力量的强弱、变化的快慢以及均衡程度等稳定的动力特征。气质主要表现在情绪体验的快慢、强弱、表现的隐显以及动作的灵敏或迟钝方面，因而它为人的全部心理活动表现染上了一层浓厚的色彩。气质与日常生活中人们所说的"脾气""性格""性情"等的含义相近。

气质是在人的生理素质的基础上，通过生活实践，在后天条件影响下形成的，并受到人的世界观和性格等的控制。气质的特点一般是通过人们处理问题及人与人之间的相互交往显示出来的，并表现出典型的、稳定的特点。

气质可分为四种类型：胆汁质（兴奋型）、多血质（活泼型）、黏液质（安静型）和抑郁质（抑制型）。

气质不影响活动的性质，但可以影响活动的效率。如果在学习、工作、生活中考虑到不同气质的特点，就能够有效提高自己和他人的工作和学习效率。

人的气质本身无好坏之分，气质类型也无好坏之分，在评定人的气质时，不能认为一种气质类型是好的，另一种气质类型就是坏的。每一种气质都有积极和消极两个方面，在这种情况下可能具有积极的意义，而在另一种情况下则可能具有消极的意义。如胆汁质的人可成为积极、热情的人，也可能发展成任性、粗暴、易发脾气的人。多血质的人情感丰富，工作能力强，易适应新的环境，但注意力不够集中，兴趣容易转移，无恒心。抑郁质的人在工作中忍受能力差，容易感到疲劳，但感情比较细腻，做事审慎小心，观察力敏锐，善于察觉到别人不易察觉的细小事物。

（2）性格。

性格是个性最鲜明的表现。性格就是人对现实的稳定度以及与之相适应的习惯化了的行为方式。性格表现既包括行为的方式，又包括实践的方式和思维、意志情感等心理活动的方式。这些心理特征在类似的情境中不断出现，有一定的稳定性以至习惯化，最终形成了人们独特的性格。

性格是表现在人的态度和行为方面较为稳定的心理特征，有热情与冷漠、刚强与软弱、心胸豁达或狭窄等表现。性格是一个人为人处世态度和行为特点的表现方式。

性格不但受遗传因素的影响，更重要的是，环境也是性格发展形成的决定性因素。环境的作用是通过家庭、学校以及人的社会活动和工作实践发生的。性格的成熟是相对的，绝对的成熟是不存在的。从人所处环境的变化来讲，性格也会产生一定的变化，但是，除非受到较大刺激（如失恋、重大失败或挫折等），否则，一个人的性格一旦形成就会基本稳定不变。

（3）能力。

能力是人们表现出来的解决问题的可能性的个性心理特征，能力直接影响着活动的效率，是完成任务、达到目标的必备条件，也是活动顺利完成的最重要的内在因素。

能力分为一般能力和特殊能力。观察力、记忆力、注意力、思维力、想象力等属于一般能力，只能在特殊活动领域内发生作用。

各种能力并不是简单地并列存在，而是相互联系、相互影响、相互融合，以保证活动的顺利完成。在活动中，各种能力的结合称为才能。一般能力的发展为特殊能力的发展创造了有利的条件；在各种活动中，特殊能力和一般能力同时得到发展。而社交能力也是一种特殊能力，是由观察力、语言能力和模仿能力组成的，一个人如果缺少这种能力，便容易形成人际关系的障碍。

（4）兴趣。

兴趣是反映一个人行为指向特征的个性心理指标，它把人的行为引向某事物或某活动。一般说来，一个人的兴趣太窄容易成为人际关系的心理障碍。什么都不会、对什么都不感兴趣的人，自然不易与人接近，也不易与人产生共鸣。因此，我们要培养自己广泛的兴趣。

爱因斯坦有句名言："兴趣是最好的老师。"古人云："知之者不如好之者，好之者不如乐之者。"兴趣是学习的原动力，是学习的催化剂，它对我们的生活与学习有着神奇的内驱动作用。

兴趣能够使人积极主动地寻找答案。兴趣往往能够使人提出很多问题，促使人们及时地寻找问题的答案或解决方法，推动实际问题的解决；兴趣能够使人有热情去了解问题的答案，优化解决问题的方法。大量的调查研究表明，在感兴趣的领域，人们的认识往往较多，而且也相对不容易茫然。

兴趣在很多时候就是学习的方向。兴趣能够活跃我们的思维，有了兴趣，就有了学习、探索的动力，就有了学习的方向。兴趣的重要性就在于人们能够提出比较具体的学习目标，并很容易地从学习中获得成绩和成就感，兴趣让人不容易疲倦，使人们积极主动地去学习、去探索。

第二节　人际沟通障碍的克服

人际沟通中的障碍会影响我们人际沟通的效果和人际关系的建立。而人际沟通中的很多障碍是可以通过我们自身的努力去减弱甚至是克服其负面影响的。主要方法有以下几种：

一、悦纳自我，主动交往

1. 悦纳自我

俗话说："人贵有自知之明。"能否正确认识、评价和接受自己，是保持自身心理健康的前提。但"当局者迷"。并非人人都能真正做到自知,自我认知失调是导致心理失衡的一个重要的原因。应全面认识自己的心理特点,了解长处和短处,并对自己做出客观的、恰如其分的评价,防止因评价过高而变得自负,或因评价过低而陷入自卑。悦纳自我,能以积极的状态面对学习与生活。

2. 主动交往

人际关系是否和谐,自己能否为他人所接受,也直接影响到自己的心理健康。人际交往是个体适应环境与社会生活、担当一定的社会角色、形成丰富人格的基本途径,具有沟通信息、相互激励、产生合力、形成互补、调节情感、保障身心健康等多种功能。所以,要鼓励自己主动与他人交往,不逃避、不孤守,积极把自我融入群体,在生活中学会处理人际冲突,学会宽容、体谅、尊重、以诚待人。如果能在广泛交往的基础上拥有几位良知益友,无疑对自己的心理健康是有裨益的。

二、胸怀坦荡,容纳他人

由于每个人的民族、文化、家庭和社会环境不同,因此,每个人都有自己独特的个性和特点,就像世界上没有完全相同的两片叶子一样。你有优点和缺点,别人也有优点和缺点;你在这一个领域内很了解很精通,但是在另一个领域内可能什么都不懂。因此,要能够正确地看待别人的优缺点、长短处,能够接纳别人的缺点,更要能容纳别人,允许别人比你优秀、比你好,看到别人的优点和长处。

要容纳别人就不要总是自以为是,瞧不起别人;也不要心胸狭窄,嫉妒别人。要容纳别人就要经常看到别人的闪光点,肯定对方,真诚地赞美对方;对别人真诚热情,这样别人感受了你的真诚热情,也会对你有肯定的评价。

三、坦诚相待,诚实守信

诚实守信是良好人际沟通的基石,尔虞我诈、钩心斗角是人际沟通的毒瘤。正常的人际沟通是为了达到意见的一致和感情的融洽,是为了解决人们的矛盾,而不是加深矛盾。沟通双方在沟通过程中,都应该以诚相待,抛弃有意的防范和自卫心理。沟通的双方要有诚意,要了解对方、体谅对方、理解对方,用现实的态度去解决分歧,真正以与人为善的态度去处理问题,沟通才会有比较理想的效果。

四、表达清楚,主动倾听

1. 表达清楚

在进行沟通的时候,首先语言表达要清楚明白,不要含糊其词、模棱两可,否则会产生歧义,让人听不明白,从而影响沟通效果。首先讲话要有重点,一个人的注意力只有十分钟,在这十分钟里,如果没有抓住沟通对象的注意力,对方就什么也听不下去了,所以,到对方那里去沟通,要一开始就简化语言。然后善于运用比喻、类比、举例等语言修辞方法,即使很复杂的问题也可以用很简单的比喻讲出来,在这方面,我国古代的先贤之一孟子是个典范。他讲话很喜欢用譬喻的方法，善于用比喻、举例子等方式给别人讲道理，例子因为生动、真实可信，非常容易让大家了解，使别人一听就明白。

2. 主动倾听

倾听是成功沟通的关键，真正的倾听意味着全神贯注地听别人说话，并尽量理解它。要使积极的倾听有效，你必须对说话者真正感兴趣。借助倾听，你可以深入理解他人所做的事情、他们的感受，以及他们为什么有这样的感受；你可以更好地理解他们的希望、他们害怕的事情，以及他们所面临的困难。

倾听为你打开一个新的视野，它是学习的关键，一旦别人认为你是一个很好的倾听者，他们会主动接近你，跟你讲他们所有的事情，认为你尊重他们以及他们所说的话。主动倾听最大好处在于讲话者会报答你，倾听你的讲话，并且在你讲话的时候做出回应。你听的越多，收获越大，学会的就越多。

五、理智控制，合理宣泄

1. 理智控制

生活不能万事如意，挫折在所难免。一旦遇到挫折，很多人都会产生愤怒、焦虑、苦恼、悲伤、痛苦等消极的情绪，影响其正常工作、学习与生活。这时，应善于用理智控制强烈的感情，不要冲动。一方面要多侧面、多角度地思考问题，不钻牛角尖；另一方面要进行心理换位，想想："我是对方会怎么办？"或"某某遇到这种情况会怎么办？"在思考的过程中令自己冷静下来，并按理智的判断去采取行动，避免一时冲动后又产生后悔、自责等消极情绪。

消极情绪可以通过转移注意力的方法来控制。通过注意力的转移，暂时忘却烦恼，淡化不良情绪，选择自己比较喜欢的事去做。具体的做法有：听轻松的音乐；散步以领略大自然的风光；阅读报刊，发现奇闻轶事；看电影、电视并投入其中；回忆最愉快、最成功的时刻等。

2. 合理宣泄

情绪是需要发泄的，否则"情郁于中"，很容易引发心理问题。所以当人有了不愉快的情绪时，不要将其积压在心里，而应通过合理、恰当的方式发泄出来。如向朋友、老师、家长或日记本倾诉得到安慰与指导；在无人处大叫大喊、高声唱歌；摔布娃娃、砸枕头；将自己关在房间里听摇滚乐；参加剧烈的体育运动令自己疲惫不堪等，都可以用来一试。

六、活动充实，自我升华

紧张、有序、充实的生活能帮助人克服空虚、寂寞和孤独感，培养良好的生活习惯，并能锻炼人的意志，使人拥有积极、乐观的心境。所以，应多参加群体活动，在活动中培养能力，增进与他人的了解，体验合作与成功的喜悦。

每个人都有自己的长处，也都会遇到失意、挫折，在这种情况下，宜采用自我激励法，调节自己的情绪，将激起的能量引导到对人、对己、对社会都有利的方向上去。

第七章 沟通技巧

沟通在我们的工作和生活中无处不在，发挥着重要的作用。但是，人们在沟通的时候不注意方式方法，很容易造成沟通中的误解甚至是失败。因此，掌握一定的沟通技巧尤为必要。

第一节 交谈的艺术

交谈是人们生活中的一种非常重要的沟通方式，在沟通中发挥着重要的作用。交谈的好坏直接影响着沟通的效果。但交谈并不是一件随意的事情，而是一门艺术。

一、了解交谈对象

在沟通交流中应该先了解沟通对象，做到知己知彼。了解对方，掌握对方的个性、身份、地位、喜好等基本情况，然后投其所好，避其所忌，有的放矢地进行沟通交流，才能使沟通顺畅无阻，取得良好的沟通效果。

1. 考虑对方的基本情况

说话看对象的道理是众人皆知的。首先要考虑对方的基本情况，如对方的国籍、民族，以及年龄、性别、文化程度、职业和职务、社会地位等。特别是少数民族和外国人，一定要去了解他们宗教信仰和风俗习惯。因为对方的基本情况不同，对信息的接受和理解就会存在很大的差别。

当你与对方交谈时，你也必须考虑到对方的文化背景，因为不同文化背景的人，在说话方式上也会呈现不同的特点。从事不同职业、具有不同专长的人，他们所接触的信息类型和话题往往并不相同，而他们也会因为不同的专业知识和经验，对不同的话题津津乐道。因此，如果你以对方一窍不通或一知半解的事物作为话题，他们就会觉得味同嚼蜡、无言以对。这样一来，你想与对方继续深谈将会显得十分困难。相反，如果你能抓住对方职业或专长上的特点，并借此作为交谈的话题，就能非常容易地触动他的心灵，从而使双方产生极佳的共鸣。

2. 看对方的身份和地位

无论在哪个国家、哪个年代，地位等级观念都是很重要的。对方的身份、地位不同，你说话的语气、方式以及办事的方法也应有异。与不同身份、地位的人打交道要用不同的方式，特别是在说话的措辞、语气和情态上。

一般来说，在和地位较高的人交谈时，态度要尊敬，要全神贯注地听，不要随意插话，回答问题时要简洁适当。而在和地位较低的人谈话时，应表现出庄重的态度，千万不可因他的地位比你低，便在交谈时漫不经心；而应庄重、有礼、和蔼，避免出现高高在上的态度。

当你和老年人谈话时，你应该保持谦虚的态度。你会经常听到长辈在教育后辈时说："我走过的桥比你走过的路还多。"其实这句话很有道理，因为老年人接受的新知识虽然比你少，可是他的人生经验却比你丰富，所以在双方谈话的过程中，你应该懂得谦恭与虚心。

当你和年幼的人谈话时，没有必要一板一眼，可以随意一些、轻松一些。你会发现有些人的思想比较成熟，有些人则没有你懂得多，但也没有必要摆出高高在上的样子对年轻人教训和训斥。

【案例7-1】

宋朝知益州的张咏，听说寇准当了宰相，对其部下说："寇准奇才，惜学术不足尔。"张咏与寇准是多年的至交，他很想找个机会劝劝老朋友寇准多读些书。因为他身为宰相，关系到天下的兴衰，理应学问更多些。

恰巧时隔不久，寇准因事来到陕西，刚刚卸任的张咏也从成都来到这里。老友相会，格外高兴，寇准设宴款待。在郊外送别时，寇准问张咏："何以教准？"张咏对此早有所虑，正想趁机劝说寇准多读书。可是又一琢磨，寇准已是堂堂的宰相，居一人之下，万人之上，怎么好直截了当地说他没学问呢？张咏略微沉吟了一下，慢条斯理地说了一句："《汉书·霍光传》不可不读。"当时寇准没有明白张咏的话是什么意思，可是老友不愿就此多说一句，言讫而别。回到相府，寇准赶紧找出《汉书·霍光传》，他从头仔细阅读，当他读到"光不学无术，谍于大理"时，恍然大悟，自言自语地说："此张公谓我矣！"（这大概就是张咏想要对我说的话啊！）书中记载，当年霍光任过大司马和大将军等要职，地位相当于宋朝的宰相，他辅佐汉朝立下大功，但是居功自傲，不好学习，不明事理。这与寇准有某些相似之处。寇准读了《汉书·霍光传》之后很快明白了张咏的用意，感到从中受益匪浅。

寇准是北宋著名的政治家，为人刚毅正直，思维敏捷，张咏赞许他为当世的"奇才"。所谓"学术不足"，是说寇准平时不注意学习，知识面不宽，这就会极大地限制寇准才能的发挥，因此，张咏劝寇准多读书以加深学问的想法既客观又中肯。然而，说得太直，对于刚刚当上宰相的寇准来说，面子上不好看，而且传出去还会影响其形象。张咏知道寇准是个聪明人，给了一句"《汉书·霍光传》不可不读"的赠言让其自悟，何等婉转的曲折，而"不学无术"这个连常人都难以接受的批评，通过教读《汉书·霍光传》这个委婉的方式，使当朝宰相也愉快地接受了。"借它书上言，传我心中事"，张咏考虑到了寇准的身份与地位，劝告的建议让寇准更容易接受。

聪明人都是懂得看对方的身份、地位来办事的，这也是自己办事能力与个人修养的体现。

3．了解对方的个性特征

人各有其情，各有其性。不同个性特征的人经常会存在差异，这些差异往往会对沟通效果造成相当大的影响。因此，在沟通的过程中，只有懂得去了解对方个性特征的差异，理解和宽容对方的不同之处，用适合对方的方式进行沟通，才能使沟通顺利进行。

【案例 7-2】

有一次，孔子的学生子路问孔子："听到了是不是要马上行动？"孔子回答说："有父亲、哥哥在，怎么能不向他们请示就贸然行事呢？"

过了几天，孔子的学生冉有也向孔子问同样的问题，孔子回答说："听到了当然要马上行动！"公西华对此十分迷惑，不明白为什么同一个问题老师却有不同的回答。孔子解释道："冉有办事畏缩、犹豫，所以我鼓励他办事果断一些，叫他看准了马上就去办。而子路好勇过人、性子急躁，所以我得约束他一下，叫他凡事三思而行，征求父兄的意见。"

公西华听了老师的回答，恍然大悟。实际上，孔子是针对子路和冉有的不同的性格而做出不同的回答，体现了孔子"因材施教"的教育思想。

外向的人，通常较热情，生气勃勃，魅力四射，喜欢在交往过程中扮演主角；他们干劲十足，不断进取，总喜欢与人打交道并愿意与人合作；具有丰富的想象力，对未来充满憧憬与幻想，也会将自己的热情传给他人。他们富有情趣，面部表情丰富，动作多、节奏快、幅度大，善用肢体语言传情达意；但是往往情绪波动大，易陷入情感的旋涡，可能会给自己及他人带来麻烦。与这种类型的人沟通时，首先应该成为一个好观众或好听众，少说多听，热情反馈，支持与肯定，加之适度的引导。切忌将自己的观点强加给他或打断、插话，或冷漠、无动于衷，这都会影响与这种类型的人的有效沟通。

内向的人通常具有协作精神，支持他人，喜欢与人合作并常常助人为乐；他们富有同情心，擅长外交，对人真诚，为了搞好人际关系，不惜牺牲自己的时间与精力；珍视已拥有的东西。这种类型的人做事非常有耐心，肢体语言比较克制，面部表情单纯，但是往往愿意扮演和事佬的角色，对于敏感的问题，往往会采取回避的态度。与这种类型的人沟通，应该了解其内心的真实观点，多谈点主题内容，多提封闭式问题并以自己的观点适度影响他。与其沟通应尽可能少提开放式问题，不要过多增加自己的主观意识。

严谨理性的人擅长推理，一丝不苟，具有完美主义倾向，严于律己，对人挑剔，做事按部就班，严谨且循序渐进，对数据与情报的要求特别高；他们不愿抛头露面，与其与人合作，不如单枪匹马，因而他们在交往过程中往往沉默寡言，不大表露自我情感。动作小，节奏慢，面部表情单一，有时为了息事宁人，他们采取绕道迂回的对策，反而白白错失良机。与这种类型的人沟通时，必须以专业水准与其交流，因而必须表达准确且内容突出：资料齐全，逻辑性强，最好以数字或数据说明问题，以自己的专业性去帮助其做出决定。切忌流于外表的轻浮与浅薄，避免空谈或任其偏离沟通的方向与目的。

对方的性格是我们与其交谈沟通的最佳突破口。投其所好，便可与其产生共鸣，拉近距离，否则适得其反。无论跟什么样的人沟通，我们都应首先摸透他的性格，依据其性格"对症下药"，就很容易"药到病除"，沟通成功。

4. 揣摩对方的心理状态

人在不同的情况下会有不同的心态，而且有时候未必会从外部表现出来，要学会察言观色，洞悉对方的心理，以便有效沟通。

每一个人的习惯都是在长期的生活和工作中形成的。所以，从习惯中不仅能够看到个人的生活、工作状态，也能够了解到一个人的心理状态。对于沟通而言，了解沟通对象的心理状态，就等于找到了打开对方心灵的钥匙。例如，有些人习惯说话的时候眼睛直视前方，而不是看着对方；有些人习惯双手交叉在胸前，不停地变换两只手的位置；有的人习惯站着说话，一旦坐下就会非常安静；还有的人习惯大声说话，似乎要让所有的人都听他说。这些习惯多少都会透露出沟通对象当时的心理状态。了解了对方的心理状态，然后再对症下药，更容易取得良好的沟通效果。

人们的社交实践和心理学的研究成果表明，说话看对方的心态，主要是看对方的需要和兴趣状态、情绪状态和知识经验状态这三种内部状态。

在对方苦闷时，要善于倾听。人们一般都在有意无意地寻找能替自己分忧解闷的倾听者。如果你事先知道对方处于苦闷状态，不妨做好倾听的准备。

在对方高兴时，要善于助谈。对方高兴时，话语增多的目的是渴望与你共享快乐。此时，你必须要善于助谈，用自己的言语增加他的谈兴。

在对方悲伤时，要善于安慰。人在悲伤时需要的不是同情，更不是"与己同悲"，而是实实在在的安慰。因此，与悲伤的人交谈，要学会安慰，使其在心灵上得到宽慰。

二、考虑交谈场合

人们都知道，穿衣服要考虑场合，和场合相适应。交谈也一样，也要注意场合，要适应交谈所处的场合和所面对的对象。

任何话语对其语言环境都有一定的依附性。在直接交流中，人们注意和感兴趣的不仅是语言本身所表达的内容，而且是一定的话语与其场合相结合的产物和效应。所以，说话的时间、说话的环境对于说话的含义有很大影响。相同的话语在不同的环境中，可以表达出完全不同的意思。如："都九点了。"母亲对躺在床上的孩子说这句话，意思是："你怎么还不起床？"一个姑娘在公园门口对走来的小伙子说这句话，意思是："你怎么来晚了？"顾客对商店的守门人说这句话，意思是："到开门时间了，该让我们进去了。"

说话要看场合，主要要把握三点：重要的交谈要注意选择合适的场合；说话要适合场合；利用场合把话说得更得体。

1. 选择场合

与人交流，选择合适的场合至关重要。因为选择适当的场合是促成有效沟通、谈话成功的重要因素之一。在适当的场合说适当的话，可以充分利用现场的环境和氛围，让谈话的内容和气氛协调一致，从而让对方更好地理解和接受你谈话的内容和意图。

比如你要给领导提建议和意见，就要选择合适的场合。在开会的时候，大庭广众之下，当面指出领导工作的不足，直截了当地提出意见，很可能会让领导面子上挂不住，下不来台，有损其尊严，你提出的意见和建议被听取和采纳的可能就变得很不确定了；如果你专门到领导办公室，趁办公室没他人在场的时候，诚恳地说出自己的想法，提出自己的意见，领导听进去的可能性就会大大增加。

2. 适合场合

说话的时候一定要看当时的场合和氛围，说话的内容和表达的情感应当和场合以及现场的气氛相符合。

场合有正式与非正式之分；正式场合下，说话应严肃认真，事先得有所准备，不要乱扯一气。非正式场合下说话，可以随便一些，像聊家常一样便于谈深谈透。

场合也有喜庆欢乐和悲痛之分。一般来说，说话应与场合中的气氛协调。在喜庆欢乐的场合，说话应有助于欢乐气氛的加浓，切记说丧气话。在别人办喜事时，千万不要说悲伤的话，引得别人都伤心难过起来。在悲痛的场合，也不宜说搞笑愉快的话题，否则会破坏气氛，还有可能对别人造成伤害，引起不必要的误会和麻烦。

【案例 7-3】

鲁迅先生在一篇文章里说过这么一个故事，说一户人家生了个儿子，摆百日宴庆贺。前来祝贺的人很多，大家看看小婴儿，都对主人说："这孩子好福相，将来一定福大命大造化大，长命百岁。"主人十分高兴，把客人迎到饭桌边坐下。

接着又走进一位客人，他看看小婴儿，摸摸小脸蛋，很是喜欢，动情地说："这小孩长得确实可爱，但将来还是会死的。"主人听后，充满喜色的脸陡然发青，一时竟说不出话来，愤怒地把来客赶出门外。

平心而论，大多数客人说的都是假话，唯独最后这位客人讲的是实在话。长命百岁是不可能的，生老病死是必然的。这是大自然的法则，无人能违抗。可是在孩子百日宴这个喜庆的日子，说这么小的孩子"会死的"，显得多么不吉利，难怪主人家会生气了。

【案例 7-4】

一位湘籍著名歌星应邀到长沙做嘉宾，主持一个义演节目。她手持话筒，朗声说道："那次电视台举行青年歌手大奖赛，我给'娘屋里'（湖南方言，此处指湖南老乡）的参赛选手打了最高分，下次'娘屋里'的伢子（湖南方言，指年轻人）到北京参赛，我还要给他们打最高分。"

这话若是在私下场合对"娘屋里"的人说说私情乃人之常情，而在这义演的严肃场合，说的又是严肃庄重的大奖赛评选打分的问题，如此地偏重于"情感"而疏于"理智"的话语就有失体之嫌，这样的话显然与自己主持人的身份不符。人们不禁会产生这样的疑问：作为评委，难道就是这样当裁判，这样为选手打分的吗？其公正何在？

3. 利用场合

面对面的沟通交流可利用环境，为沟通架桥铺路。比如借助天气变化、景物陈设、挂图书刊等说话，可以见景生情，可以借物言志，可以调节气氛，引导听者产生相应的感受，使双方在融洽亲切的气氛中进行信息和情绪的交流，并增强某些话语的形象性、说服力和感染力。

【案例 7-5】

1984年秋天，中英关于香港问题的谈判进入了即将达成协议的关键时刻。第22轮会谈的第一天，在钓鱼台国宾馆，中方代表周南迎接英方代表伊文思到来。他借助满园秋色，以谈家常的方式对伊文思表明了自己的态度和期望："看吧，现在已经是秋天了，我记得大使先生是春天之前来的，那么这就经历了3个季节。秋天，秋天是收获的时节呀！"

这段话就巧妙地利用了环境因素，含蓄婉转而又意味深长。

三、选择交谈话题

交流、谈话的中心便是话题。不同话题的选择反映着不同谈话者品位的高低。一个好的话题，能让双方找到共同语言，有利于双方展开交流。如果选择话题不佳，容易出现"话不投机"，破坏双方第一印象，影响后续交流和沟通。遵循以下几点原则，有助于在交流中正确选择话题。

1. 选择双方都喜闻乐道的话题

可以选择一些双方都有话可说、都愿意去探讨的话题。比如说体育比赛、文艺演出、电影表演、风景名胜、旅游度假、烹饪小吃等话题，几乎每个人都感兴趣，聊起来又使人轻松愉快，因此在交谈时很受欢迎。

中国人与不熟悉的人相处，大多喜欢谈论天气，或询问外地人对本地风土人情的印象。例如，"你来这里多久了？""你在这里生活感到习惯吗？"又或是从询问对方的籍贯入手，进而就自己的所知引导对方谈论其家乡的风光与特产。同外宾交谈时，这些话题也是可以选择的。

前国际奥委会主席萨马兰奇先生因公务繁忙，来去匆匆，可是有的中国记者却经常能见缝插针地同他侃上一通，侃的话题就是他酷爱的集邮。一番神聊之后，专访也就完成了。记者们的成功就在于他们选准了话题。

2. 选择双方都熟悉的话题

在交谈时选择双方都熟悉的话题才能让大家都有话可说，话题可以顺畅地进行下去；而选择只有自己熟悉的话题，往往会让对方无话可说，使交谈没法深入甚至没法进行下去。因此，选择双方都熟悉的话题，将有助于双方的理解和沟通。

詹姆斯先生是美国的计算机专家。他来中国讲学，很受欢迎。有次在他的讲座中间休息时，一名年轻的中国学者虔诚地问道："请问挑战者号航天飞机究竟是因何坠毁的？"当时詹姆斯先生非常尴尬，支吾良久说："我实在抱歉，我不清楚……。"

詹姆斯先生是位计算机专家，这个年轻学者向他提问的是航空航天方面的问题，难怪詹姆斯先生会无从回答。可见，与人交谈，不要选别人不熟悉的话题。像这个年轻学者的冒昧提问，实在让人下不了台。

如果别人主动谈起我们不熟悉的话题，应当洗耳恭听、认真请教，千万不要不懂装懂；更不要主动谈论自己一知半解的话题，否则，非但不能给自己带来任何好处，反而会损害自己的形象。

3. 要注意回避对方忌讳的话题

在交谈之前，要充分了解对方的基本情况，特别是对方忌讳的问题，在交谈时就要注意回避这些问题，不要主动提及，以免引起尴尬，致使交流不畅。

通常这些话题可能会引起别人的尴尬或不适，应当尽量回避：

（1）个人的私生活。同别人交谈，特别是公务场合和人交谈，不得随便询问对方的年龄、身体健康状况、婚姻、经历、收入、住址以及其他家庭生活方面的情况。这类话题属于私人空间，不适合在公务场合谈。同样不要同外国人谈这些隐私问题，否则他们会认为你打探他的隐私，动机不纯。

（2）他人的长短。散布小道消息，评价同事的美丑、上司的好恶、路人的衣着，谈论人际纠葛和他人的过失，都可能会被别人当作缺乏教养和不务正业。

小王特别爱向领导打同事的"小报告"，这一手让他在国内一家公司颇受重用。当他调入一家合资企业不久，又向外方总经理如法炮制。人家根本不吃这一套，并且责问他："你光盯着别人，自己的工作怎么能干好呢？"没几天，他就被解雇了。

（3）对外宾的政治主张、宗教信仰、风俗习惯和个人爱好，不要妄加评议。

应当指出的是，在交谈中，一旦遇到别人回避或不愿继续的话题，切忌纠缠不放，打破砂锅，我行我素，而要立即转移话题，必要时要向对方道歉。

四、交谈时要注意的问题

在交谈时，还有一些细节问题需要注意：

1. 交谈的态度要诚恳大方

谈话的时候态度要诚恳、自然、大方，语气要和蔼亲切，表达要得体。谈话内容事先要有准备，应该开门见山地向对方说明来意或交谈的目的，或是寒暄几句后就较快地进入正题。那种东拉西扯的闲聊，既浪费时间，又会使对方厌烦甚至怀疑你的诚意。

2. 失言时立刻道歉

勇于认错是很重要的，当你发现自己的言语伤害到他人的时候，千万不要厚着脸皮不肯道歉。每个人偶尔都会说错话，可是自己一定要察觉自己说了不该说的话，然后马上设法更正。要留意他人的言语或其他方面的反应，借以判断是否需要道歉。如果你确实说错话了，就必须立刻道歉，勇于承认错误，不要编一大堆借口，以免越描越黑。

3. 别光顾着说，适时聆听他人的回馈

一个人要和别人交谈，不仅自己要懂得如何去说，也要懂得如何去聆听。缺乏聆听的技巧，往往会导致轻率的批评。一个人任意地批评或发出不智的言论往往是因为他不管别人要说什么，只想自己掌控整个交谈的场面。如果你仔细聆听别人对你意见的回馈，就能确定对方有没有在听你说话，得知对方是否已了解你的观点或感觉。而你也可以看出对方关心、愿意讨论的重点在哪里。

4. 注意谈话的音调、节奏和表情

人们的语音节奏、声调与周围的成长环境有关，是一种习惯。如生活在山野的人，说话会不由自主地嗓门很大；生活在文化氛围较浓的地方，语言会自然低沉而优雅。这些仅仅是大的外在差别，细微的差别有的几乎不能用语言表达，只能是一种感受。语言确实存在着是否悦耳、是否吸引人、是否表达清晰、是否知识丰富等许多选择标准。谈话也是一种语言的艺术，因此，必须刻苦修炼这种技艺，使你的语言充满吸引人的魅力。

5. 语气轻松幽默

谈话的语气应尽可能轻松、幽默，必要时，可以开个无伤大雅的玩笑。特别在谈话的开始，假如使用得当，可以立刻拉近和对方的距离，消除陌生感。每个人、每个家庭都有忌讳的东西，千万不可去触动它。如果没有准确的把握，不妨先拿自己取个乐也好。还要记住的是，幽默不等于无聊，不等于恶作剧，也不完全是为逗人哈哈一笑，目的在于传达轻松亲切的交流愿望。

6. 谈话是和别人沟通，不是和别人比赛

有的人和人交谈时，常把它看成是一种竞赛。一定要分出个高下。如果你常在他人的话里寻找漏洞，常为某些细节争论不休，或常纠正他人的错误，借以向人炫耀自己的知识渊博、伶牙俐齿。这样的你一定会让人留下深刻的印象，不过那是不好的印象。这种人往往忽略了沟通的技巧，因为他们把交谈当成了辩论，而不是信息、想法与感觉彼此交换的过程。所以为了与他人更好地沟通，这种竞赛式的谈话方式必须被舍弃，采用一种随性、不具侵略性的谈话方式。这样当你在表达意见时，别人就比较容易听进去，而不会产生排斥感。

7. 赞美对方

所有的人都喜欢听顺耳的话，喜欢别人的赞扬，这是人性的共同点。但一定要含蓄、得体，这其中的尺度掌握很微妙，需要用心去体会把握。赞美使用不当，或者太夸张，会给人留下很不好的印象，令人厌恶。赞美的话题可小可大，小的可以是"您的气色很好""您的院子真整洁"等，大的话题可能是"您的生意信誉很好""听说，您在某个方面很有经验"，也可以说"一直仰慕您的学识或者人品"等。赞美选择的内容和方式越具体越好，这表明你对对方的了解程度很深。

8. 不要打断别人谈话或插话

不要轻易打断别人的谈话。对方讲话的时候要耐心倾听，目光要注视对方，不要左顾右盼，也不要有看手表、伸懒腰、打呵欠等漫不经心的动作。

不要插嘴、抬杠。出于尊重的需要，别人讲话的时候，不要中途打断或是和人争辩，这是有悖交谈主旨的。即使有话要说，也要等到对方说完一件事或中途停顿的时候再说。

不要说"你错了"。谈论某个话题的时候，即使是对方的观点错了，不要直接说"你错了"之类的话。如果你这样说了，不但改变不了对方的态度，反而会招致对方的反感。

9. 避免不良的动作和姿态

玩弄手中的小东西，用手不时地理头发、搅舌头、清牙齿、掏耳朵、盯着指甲、天花板或对方身后的字画等，这些动作都有失风度。

注意手势不要过大，动作要适当。不要和对方离得过近或过远，更不要拉拉扯扯、拍拍打打，尤其注意不要唾沫四溅。

也不应忘记自己的身份去故作姿态、卖弄亲近。俚话和粗话更应避免。

第二节　提问的艺术

提问是交谈中获取信息的一种重要方式和手段。提问可以使沟通增加含金量。据统计，大多数人听的准确度低于50%，人们听错或未听到的信息往往多于准确接收的信息。要使倾听尽可能准确，就得靠提问来补充。提问既可以让我们从对方的回答内容中印证更多的信息，又可以从对方回答的方式、态度、情绪等方面获知一些潜在的信息。因此，提问是有效沟通的组成部分。

一、提问的类型

同样的问题，提问的方式不同，得到的信息也不一样。例如封闭式的提问，答案是唯一的，是有限制的，是在提问时给对方一个框架，让对方只能在框架里选择回答的。开放的提问，答案是多样的，是没有限制的，是没有框架的，可以让对方自由发挥。提问类型可以是多样的。

1. 封闭式提问

这种提问方式比较简单，问题的句子结构与讲话者在讲话过程中所使用的句子结构相同。提问通常采用一般疑问句，要找的是一个明确的答案，通常用"什么""何时"或"多少"开头，或者是问对方同意或不同意某个观点，回答起来相当容易，要么是"是"，要么是"不是"。

如：你喜欢吃波伦亚的意大利面条吗？

你用电脑吗？

封闭式提问的特点是：提问快速，需要时间少，不会失去话语权，提问者能够掌握询问节奏。

缺点：反应不完全导致信息不完整，可能会导致误导性的假设和结论。

2. 开放式提问

开放式提问通常提出概括、广泛、范围较大的问题，不能简单地用"是"或者"不是"来回答，也很难用一到两个词语来回答，必须详加解释才能回答圆满。因此开放性问题有时又被称为无限响应问题或不饱和问题。这种提问方式常采用特殊疑问句，要求说话者思考一下。这类提问一般包括下面六个词：what、who、how、where、when、why。

开放式提问的特点是：有助于激发被访者的谈话热情并调动积极性，有助于建立双方的信任，建立和谐环境，有助于得到大量信息和事实细节。因此，开放式提问常被运用在访谈场合。

缺点：可能会比较费时，可能会获取不必要的信息，可能需要对部分用户采取更多的努力，可能会失去话语权。

例如：你可以给我什么优惠？

你想要知道哪些内容？

这个事情是怎么发生的？
你对公司的管理有什么看法？

3. 其他提问类型

除了以上提问类型，实际沟通交流中，还有其他的提问类型：

（1）引导式提问。

引导式提问，从字面理解就是要学会借力打力，先通过陈述一个事实，然后再根据这个事实发问，让对方给出相应的信息。引导型问题在引导人们给出肯定的回答时非常有效，但是此类问题最好单独使用，否则让人产生受到挑战的感觉。

【案例7-6】

一个信徒问神职人员："我在祈祷的时候可以抽烟吗？"神职人员当然是否定了，"不行，这是对神的不敬，你怎么会有这种想法？"

另一个信徒问道："我在抽烟的时候，可以祈祷吗？"神职人员非常欣慰地回答："当然可以，你不愧是神的好儿女！"

换了一种提问方式，得到的结果却截然不同。这就是提问的技巧。

（2）限制式提问。

限制式提问法，其实就是把答案限制到一个很窄的范围内，无论对方回答哪一个，都对提问者有利。也就是说，在限制式提问中，必须使所提出的问题明确而具体，效果才能更明显。

【案例7-7】

在某国家，有些人喜欢在咖啡中加鸡蛋，因此咖啡店在卖咖啡时总要问："加不加鸡蛋？"后来有个专家建议咖啡店把问话改动一下，变为"加一个还是两个鸡蛋？"结果，咖啡店的鸡蛋销售量大增，利润上升。

（3）追问式提问。

追问式提问就是通过层层递进式的提问，以求寻找最核心的问题，再进行问题的解决。

【案例7-8】

某企业出现了一个销售问题，公司高管觉得是销售人员的能力问题，需要改进型的培训，就找到了著名的商业咨询师，想请他办一个培训班。这位咨询师没有一上来就答应，因为他觉得销售人员可能不是问题的根源所在，需要先找到最核心的问题是什么，才能更有效地解决问题。

于是，他采用了追问式的提问，问了销售主管五个问题：

① 为什么你在全球市场都已成为领先者了，还需要培训呢？
——因为需要不断提高销售人员的能力。
② 为什么需要提高销售能力呢？
——这样的话，销售人员在开发新客户方面更有效率。
③ 为什么需要增加新客户的开发呢？
——因为现在的客户不足以支撑公司的增长目标。

④ 为什么不能让客户增长得更快呢？
——因为会有20%的客户流失。
⑤ 为什么客户会流失？
最终，公司才发现自己的产品质量和物流速度有问题，导致了很多客户流失。
通过追问式提问方式，把一个看似复杂的难题变成了简单的问题，更有效地解决了该问题。

二、提问的技巧

沟通离不开提问，相互提问和回答是了解情况、解决问题的最佳途径。提问是一门艺术，也是一门科学。同样的问题，提问的目的也一样，但是使用不同的提问方式得到的答案和效果也截然不同，提问也需要一定的技巧。

1. 提问要让别人有话可答

提问的主要目的是要从对方的回答里获取信息，所提的问题要让对方有话可说。否则，对方回答问题的余地太小，或是无话可说，不仅会让人感觉尴尬，获取的信息也很有限。

家中来了一位东北客人，你若这样问："你是东北人吧？""东北夏天热吗？""东北冬天冷吧？""东北雪下得大吗？"等问题。对方恐怕只能回答"嗯""是"，除此无话可说。这种查户口式的一问一答只能把天聊死。这不能怪客人不健谈，而是这种笨拙的发问至多只能回答到这个程度。如果你换一个问法："这次到北京有什么新的感触？""东北现在建设得怎么样？"这样的话，对方不但可以介绍一些你所不了解的新鲜事，还会使客人充分叙述自己的感受而使气氛自然融洽。

2. 抓住核心问题，开门见山，切中要害

这种方法是一开始就提出硬性的、紧扣主题的问题，然后扩展为比较笼统的问题。它适用于采访那些善于言辞、敏于思考、感觉自信的对象。开门见山会让对方觉得你坦率有效率，切中要害可以使对方觉得你懂行，值得交谈。

3. 适时调换话题，不要紧追不舍

如果你提出的问题对方一时回答不上来，或不愿回答，不宜生硬地追问或跳跃式地乱问，要善于调换话题。如果对方仅仅是因为羞怯而不爱谈话，那你就应先问点无关的事，比如问问他工作的情况或学习的情况，等紧张的空气缓和了，再把话题纳入正轨。

4. 适度沉默

沉默也是提问中的一个重要的技巧。因为在沟通过程中的提问有很多是要点性、针对性提问，需要给对方留出思考和阐述问题的时间。聪明的人一般不会打断对方的话，这样反而可能得到直接询问得不到的回答。美国著名的电视节目主持人迈克·华莱士说："我发现，在电视采访中最有趣的做法就是问一个漂亮的问题，等对方回答完毕你再沉默三四秒钟，仿佛你还在期待着他更多的回答。你知道会怎样吗？对方会感到有点窘促而向你谈出更多的东西。"

5. 善于观察与倾听

在提问中善于观察与倾听，可以捕捉采访问答中所不能显现的事实。著名记者艾丰提醒记者"在采访时别忘了带上眼睛和耳朵"。

细致入微地观察，做一个有心人。人的内在思想，有时会在一瞬间通过眼神、双手、体态等表现出来，这就需要我们在提问时候能分辨出这个动作背后所隐藏的含义和情绪，并能牢牢抓住这个瞬间就可能溜走的机会，迅速转变话题，紧跟提问，挖掘到背后的故事，让我们获得准确的、直接的信息。

做一个有心的听众。邝云妙在《当代新闻采访学》中提出："一名记者，特别是一名老练的记者，应该是最善于倾听的人，而不是喋喋不休的人。"的确，善于倾听的人往往更容易有丰厚的收获，也更容易与对象沟通。稍纵即逝的对话，谈话对象的弦外之音，都会因为你的有心倾听而被发掘，从而获得更多的信息。

三、回答问题的技巧

有问必有答。问与答构成了人们语言交流的重要形式。在人际沟通时，尤其是在职场面试等场合对提问的回答直接影响着最终的结果，反映出一个人的综合素质和能力。

1. 直击主题、条理清晰

在态度诚恳的前提下，不宜过分客套和谦卑，就问题展开自己的表述，不要顾左右而言他。回答有条理，可以用"一、二、三""首先、其次、最后"等来串联，给人思路清晰、逻辑性强的印象。在面试时，可适当地运用术语，以表示你对该行业有兴趣或有一定的认识及经验，但应适可而止，否则会给人班门弄斧的感觉。在外行面前千万不要满嘴专业术语，否则会给人一种卖弄的感觉。

2. 跳出陷阱、避实就虚

有时会遇到比较刁难的问题，甚至从来没有思考过的问题，回答一定要谨慎。在回答问题的时候，无论多么刁难的问题。如果能回答最好，如果不能回答，则不要把回答放在问题本身。可以错开话题，只要回答得有理有据、有条理、回答得精彩，对方也会为你的现场反应能力而折服，给你掌声的。

3. 语言顺畅、表现自信

在回答问题时，尽量少用助语词，例如"啦、嗯、呢、是吧"等，避免给别人一种用语不清、冗长、不认真及缺乏自信的感觉。

语调语速也会影响回答质量。一是语调要低沉明朗。明朗、低沉和愉快的语调最吸引人，所以语调偏高的人，应设法练习变为低调，努力发出迷人感性的声音。二是发音清晰，段落分明。发音要标准，字句之间要层次分明。改正咬字不标准的缺点，最好的方法就是大声地朗诵，久而久之就会有效果。三是说话的语速要时快时慢，恰如其分。遇到感性的场面，语速当然可以加快，如果碰上理性的场面，则应放慢语速。四是音量的大小要适中。音量太大，会造成压迫感，使人反感；音量太小，则显得你信心不足，说服力不强。

第三节　赞美的艺术

心理学中的"社会赞许动机"理论告诉我们,每个人的行为都希望得到别人的赞许。美国心理学家威廉·詹姆斯说:"人类本性上最深的企图之一是期望被赞美、钦佩、尊重。"可见,赞美是心灵的被理解,被赞美是每个人内心所渴望的。有专家指出,我们所做的每一件事,百分之九十以上的目的是获得认同、被人关注。而满足上述渴望的唯一途径是建立在理解和尊重之上的肯定、欣赏和赞美。

俗话说:"良言一句三冬暖,恶语伤人六月寒。"莎士比亚说:"一句赞美相当于我十天的口粮。"心理学家杰丝·雷耳说:"赞美对温暖人类的灵魂来说,就像太阳一样,没有它,人类就无法成长。"赞美是人类成长的阳光和雨露,赞美之于人心,如同太阳之于生命。赞美是一种语言技巧,有着十分神奇的作用。赞美可以使人们相互沟通、增进感情;相互了解、增进团结;相互鼓励、增强信心;相互接纳、促进交流。

一、赞美的方法

赞美是一件好事情,但如何在待人处事时适时地赞美别人,却不是一件易事。若在赞美别人时,不掌握一定的方法,即便是真诚的赞美,也不会达到预想的结局。

1. 直言夸奖法

夸奖是赞美的同义词。直言表白自己对他人的羡慕,这是平常用得最多的方法。老朋友见面说:"啊!你今天精神真好啊!"年轻的妻子边帮丈夫系领带边说:"你今天看上去气色好多了。"一句平常的体己话,一句出自内心的由衷赞美,会让人一天精神愉悦、信心倍增。

2. 反向赞美法

指责与挑剔,每个人都难以接受。把指责变成赞美,看来是难以想象的,能真正做到实在不易,但世界著名企业家洛克菲勒做到了。他是位很有吸引力的企业家,许多有才能的人都团结在他周围。一次,公司职员艾德华·贝佛处置失当,在南非做错一宗买卖,损失100万美元。洛克菲勒知道后没有指责贝佛,何况事情已经发生了,指责又有何用?他于是找了些可以称赞的事,庆幸贝佛保全了他所投金额的60%。贝佛感动万分,从此更努力地为公司效力。

3. 意外赞美法

出乎意料的赞美会令人惊喜。丈夫工作一天后回家,见妻子已摆好了饭菜,称赞妻子几句;老师见学生把教室打扫得干干净净,便夸奖一番。这些看似平常的小事,对方却得到了意想不到的赞美,心情是无比愉悦的。

有时,赞美的内容出乎对方意料,也会引起对方的好感。卡耐基在《人性的弱点》中写了一个他曾经历过的故事:一天,他去邮局寄挂号信,办事员服务质量很差,很不耐烦。当卡耐基把信件递给他称重时,说:"真希望我也有你这样美丽的头发。"闻听此言,办事员惊讶地看了看卡耐基，接着脸上露出微笑，服务变得热情多了。

4. 肯定赞美法

人人都有渴望赞美的心理需求，在一些特定的时机更是如此，例如：在人多的时候他说了一句俏皮话；在报上发表了文章；成功地完成了论文；苦心钻研多年的项目通过了鉴定等，都希望得到别人的肯定。这时，不失时机给予真诚的赞美会使被赞美者高兴万分。大家都知道张海迪的故事，她曾应日本友人之邀，赴日本参加特意为她举行的演讲音乐会。在台上，她第一次用自学的日语做了自我介绍，并唱了几首她自己创作的歌。在她讲完之后，可想而知，她是多么希望能得到别人的赞许、鼓励和褒扬啊！这时，日本著名作家和翻译家秋山先生上台来紧紧抱住她，说："讲得太好了，我们全都听懂了。"这简短的赞美深深地打动了她，使她在最需要了解自己价值的时候，对自己有了一个清楚的认识，增强了自信心。

5. 目标赞美法

在赞美别人时，为他树立一个目标，往往能让他坚定信念，为这一目标而奋斗。足球教练文斯伦巴迪是一位富有传奇色彩的人物。在训练队伍时，他发现一个叫杰里克雷默的小伙子思维敏捷、球路较多。他非常看好这个小伙子。一天，他轻轻地拍一拍杰里克雷默的肩膀说："有一天，你会成为国家足球队的最佳后卫。"克雷默后来真的成了国家足球队主力队员。他后来回忆说："伦巴迪鼓励我的那句话对我的一生产生了巨大影响。"

6. 背后赞美法

赞美一个人，当面说和背后说所起到的效果是很不一样的。如果我们当面说人家的好话，对方会以为我们可能是在奉承他，讨好他。当我们的好话是在背后说时，对方会认为我们是真诚的，是真心赞美他，对方才会领情并感激我们。

在日常生活中，背着他人赞美他往往比当面赞美更让人觉得可信。因为你对着一个不相干的人赞美他人，一传十，十传百，你的赞美迟早会传到被赞美者的耳朵里。这样，你赞美的目的也就达到了。

据国外心理学家调查，背后赞美的作用绝不比当面赞扬差。此外，若直接赞美力度不足会使对方感到不满足、不过瘾，甚至不服气，过了头又会变成恭维，而用背后赞美的方法则可以缓和这些矛盾。因此，有时当面赞美不如通过第三者间接赞美的效果好。

假如有一位陌生人对你说："某某朋友经常对我说，你是位很了不起的人！"相信你感动的心情会油然而生。这种赞美比别人当面对你说"先生，我是你的崇拜者"更让人舒坦，更容易让人相信它的真实性。

二、赞美要注意的问题

赞美有时候没有必要刻意修饰，只要源于生活，发自内心，真情流露，就会收到赞美之效。但要更好地发挥赞美的效果，则需要注意以下几个问题。

1. 真诚是赞美的内核

用真诚真实的情感赞美，这是赞美的基本原则和前提。英国专门研究社会关系的卡斯利博士曾说过，大多数人选择朋友都是以对方是否真诚而决定的。只有真诚真实的赞美才最能打动人的心灵。真诚就是态度自如；真实就是要赞美他人真正有的品德或特质，不虚伪，不夸张。赞美他人是一种情感体验，只有这种情感体验是真诚真实的，才能表达出自己内心的真实感受并让对方感受到忠诚的关怀，才能体现人际交往中的互动关系。

真实的赞美是拂面清风，凉爽怡人；虚假的赞美像给人吃大块的肥肉，让人烦腻不堪。不真诚的赞美，往往给人一种虚情假意的印象，或者会被认为怀有某种不良目的，被赞美者不但不感谢，反而会讨厌。言过其实的赞美，不能实事求是，会使受赞美者感到窘迫，也会降低赞美者的水准。虚情假意的奉承对人对己都是有害而无利的。

真诚的赞美和"拍马屁"最大的区别在于是否发自内心。真诚的赞美起源于内心深处的一种"美感"、一种冲动，它反映了一个人对另一个人的认可。而"拍马屁"却不同，它不是发自内心地对另一个人的认可和钦佩，而是基于内心世界早已存在的一种目的，一种对眼前或日后能够收到"回报"的投资。"拍马屁"者在"赞美"他人的时候，脸上虽眉飞色舞，但却有几分不自在。他的词语是火辣辣的，但他的内心却是一片冰冷。他在赞美一个人的时候，心里想着的只是如何顺利办完对自己利益攸关的事，如何获得自我满足。

2. 赞美不宜笼统概括，要具体、要言之有物

笼统概括、言之无物的赞美往往给人感觉不够真诚，是无话找话的赞美，也无法取得好的效果。要使赞美言之有物，就必须洞察他人的优点、长处，即闪光点，并用恰当、确切、真诚、适度的语言告知对方。凯丝·达莉想成为一位歌唱家，可是她的脸长得并不好看。她的嘴很大，牙齿也不整齐，每一次公开演唱的时候，她不想露出自己讨厌的牙齿，就把上嘴唇拉下来盖住牙齿，结果大出洋相。但有一个人却认为她很有天分。他很直率地说："我一直在看你的表演，我知道你想掩藏的是什么，你觉得你的牙长得很难看。"这个女孩子非常难为情，可是那个人继续说道："不要想去遮掩，张开你的嘴，如果你不在乎自己的牙齿的话，观众就会喜欢你的。再说，那些你想遮起来的牙齿，说不定正是你的宝贝呢！"凯丝·达莉接受了他的忠告，没有再去刻意掩饰牙齿。从那时候开始，她只想到她的观众，她张大嘴巴，热情而高兴地唱着，她最终成为电影界和广播界的超级明星。

要使赞美言之有物，要细心观察，善于发现他人细微之处的用意，并及时给予真诚的赞美，如此才会带给他人心理满足，加深彼此的心灵默契。法国总统戴高乐访问美国时，在尼克松为他举行的一次宴会上，尼克松夫人花费了很多精力布置了一个鲜花展台。精明的戴高乐将军一眼就看出了女主人的良苦用心，不禁脱口称赞道："非常感谢夫人花时间精心设计制作了这么漂亮、雅致的展台！"尼克松夫人听了，十分高兴。事后她说："大多数来访的客人要么不注意，要么不为此向女主人道谢，而他总是想到和讲到别人。"戴高乐贵为元首，面对尼克松夫人精心布置的鲜花展台，他没有像其他大人物那样视而不见，而是对细微之处细心体察和领悟，并对尼克松夫人表示了特别的肯定与感谢。戴高乐赞美的言语虽然简短，但尼克松夫人受到了深深的感动。

3. 赞美要因人而异

人的素质有高有低，年龄、性格也有所不同。突出个性、有特点的赞美比一般化的赞美能收到更好的效果。

比如，赞美老年人时，可多称赞他过去的英勇和成绩；赞美年轻人时，不妨语气稍微夸张地赞扬他的创造才能和开拓精神，并举出几个例子证明他前途无量；对商人，可称赞他头脑灵活、善于经营；对有地位的官员，可称赞他大公无私、廉洁清正；对知识分子，可称赞他知识渊博、功底深厚……当然这一切都必须以事实为依据，不要过火，让人起鸡皮疙瘩，从而产生反感。

对文化层次不高的人或者在比较随意的场合，赞美应该通俗、直白、简单，而对水平较高的人或者在比较庄重的场合，赞美就要费点心思，应更典雅、庄重一些。

4. 赞美可以和鼓励相结合

鼓励能让人树立起自信心。自信是成功的一半，用赞美来鼓励对方，能达到事半功倍的效果，尤其是别人"第一次"做某事时。如果对方第一次干得不怎么好，你也应该真诚地赞美一番："第一次有这样的成绩已经不容易了。"对第一次唱歌的人、第一次写文章的人而言，赞美是对他们最好的帮助，将给他们留下深刻的印象。

5. 借用第三者的口吻赞美他人往往能起到预想不到的效果

赞美随时随地都能听见，而对面或直接地赞美对方，总给人留下不大好的印象，有点恭维奉承之嫌。若换个角度，换种说法，也许就好多了。以"第三者"的口吻来赞美对方，说："难怪某某一直说你开车技术好，今天我跟你坐了一天的车，真是见识了！"这样让对方感觉不仅仅是一个人在表扬他，可想而知，对方一定很高兴。

以"第三者"的口吻来赞美，更能得到对方的信任和好感。因为在一般人的观念中，"第三者"说的话是较公正的。因此，当面赞美一个人，有时会令人感到虚假，疑心你是否真心，而间接地在背后赞美对方，使对方感到你对他的赞美是真诚的。

6. 赞美要注意适度

一个气球再漂亮再鲜艳，吹得太小，不会好看；吹得太大则容易爆炸。赞美就如吹气球，应点到为止，适度为佳。哥尔多尼曾说过："过分的赞美会变成阿谀。"因此在赞美他人时一定要坚持适度的原则。

夸奖或赞美一个人时，有时候稍微夸张一点更能充分地表达自己的赞美之情，别人也会乐意接受。但如果过分夸张，你的赞美就脱离了实际情况，让人感觉到缺乏真诚的东西在里面。过度的恭维，空洞的奉承，或者恭维、奉承频率过高，都会令对方感到难以接受，甚至感到肉麻，令人讨厌，结果适得其反。只有适度的赞美才会令对方感到欣慰。

有一个年轻人曾经给恩格斯写了一封热情洋溢的信，信中称赞恩格斯是位无与伦比的革命导师，一位伟大的思想家，甚至称其为马克思的再现等，恩格斯并没有因为这封信而有丝毫的感动，反而生气地回信说："我不是什么导师、思想家，我的名字叫恩格斯。"恩格斯作为一位杰出的思想家，他不喜欢别人在赞美他时用夸张的词汇，又因为他和马克思几十年的友谊，他是非常尊敬马克思的，当然会忌讳别人称他为"马克思的再现"。年轻人这样不恰当的赞美不仅没让恩格斯高兴，还惹了对方生气，这样的赞美效果适得其反。

第四节　倾听的艺术

在交流沟通的过程中，不仅要说，更要会倾听。俗话说："听君一席话，胜读十年书。""能言善道不如洗耳恭听。"说的都是倾听在交流沟通中发挥的重要作用。

一、倾听的重要作用

1. 倾听是有效沟通的重要组成部分

在交流沟通的过程中，很多人只注重说，认为"会说话才能沟通圆满"。我们身边也不乏这种伶牙俐齿、能言善辩、巧舌如簧的人，但是，在交流沟通的过程中只说不听，只输出自己的信息，而没有获得对方的信息和想法，就变成了单方面的"说"，而不是真正意义上的沟通。

沟通讲求双方的互动交流。人际沟通的原则是既要有效地表现自我，也要突出他人。人人都希望被了解，也都需要忠实的听众听自己说说心里话。只有双方都有说的机会，既表达自己的意见和想法，又倾听别人的想法和意见，才能进行正常有效的交流。由此可见，善于倾听和会说同样重要，这两者相互平衡，沟通才会有理想的效果。

2. 倾听是交流沟通中获取信息的重要方式

沟通是指人们在互动过程中，发送者通过一定渠道（也称媒介或通道），以语言、文字、符号等表象形式为载体，与接收者进行信息、知识的交流过程，是一个有意识的活动过程。语言交流是人类互相交换信息的最基本的方式，倾听则是获取对方信息的最基础和重要的方式，是沟通的前提和必要的保障。

人们在交流沟通中，很多时候并不是直接地说出自己的意见和想法，而是用含蓄、迂回、隐含的方式去表达，只有用心倾听，听出言外之意、弦外之音，才能真正明白对方想要表达的真正意图，了解对方真正的需求和目的，从而从倾听中获取到更多的信息。

3. 倾听促进合作效率的提高

"一个和尚挑水喝，两个和尚抬水喝，三个和尚没水喝。"一个和尚挑水喝，自食其力；两个和尚抬水喝，共同分担重量；三个和尚没水喝，一个一个坐着等水喝。这是一个关于合作的问题，合作好有水喝，合作不好没水喝，可见合作是非常重要的。特别是在工作中，一起工作的不只是三个"和尚"，工作也很多很复杂，这就更加需要团队的力量了。聪明的员工懂得与人合作，有技术无谋略的员工与有技术的员工合作，而有技术又有谋略的员工与管理者合作。聪明的管理者也是懂得与员工合作的，最有效的方法是倾听，最根本的前提无疑也是倾听。

倾听是一种非常重要的沟通方式，只有让人愿意并且快乐地说出自己的观点与特点，才能更好地赢得别人的信任。倾听让你了解别人，让你了解你的合作者的性格与特长，从而做到各尽其才；倾听更是让管理者了解员工的才能，从而做到善用其才。因此，倾听能够让人与人之间形成良好的沟通习惯，倾听能够有效地促进合作效率的提高。

4. 倾听促进人与人之间的和谐沟通

"说者无心听者有意"告诉我们误会是在所难免的。每个人都有对自己的行为负责的义务，每个人都有知道事实真相的权利。无论是亲人、朋友或是同事，我们都应该给别人一个解释的机会，只有这样冷静思考，我们才能找到事实的真相。通过耐心的倾听，即使结果不能令我们满意，我们也有一个认识自己和别人的机会。能够耐心地听别人的意愿和想法，很多时候还可以得到一个满意的答案，我们也可以在倾听的过程中让自己更加冷静一些，更加理智地对待事情，相信总有一个合理的解决方法和改正的机会。

我们在与人沟通的过程中，耐心倾听，让事情更加具体化，相信定能减少很多的不愉快。耐心倾听，让清白了然于心，减少不必要的烦恼。耐心倾听，能满足对方被理解、被肯定的心理需求，容易使双方心灵相通、增加信任度。耐心的倾听还可以了解对方的真实情况，更有助于增进彼此的感情，促进人与人之间的和谐与沟通。

二、倾听的层次

倾听不是简单地用耳朵来听，它也是一门艺术。倾听不仅仅是要用耳朵来听说话者的言辞，还需要一个人全身心地去感受对方谈话过程中表达的言语信息和非言语信息。

倾听是有层次之分的，人们在沟通过程中，倾听由低到高，共有五个层次：

第一层是"完全漠视""听而不闻"，如同耳边风，有听没有到，完全没听进去。对别人说的话只是表面上应付，过耳即忘。

第二层是"假装在听，敷衍了事"，嘴上迅速回答"嗯喔""好好"，有所反应，其实是心不在焉。

第三层是"选择地听"，有先入为主的观念，只听自己想听的部分，只听合自己的意思或口味的，与自己意思相左的一概自动消音过滤掉。换言之，这种人对于他人之言有"偏食"的习惯，他认可的对象或话题，他才会打开全身的收讯器。这种类型的人，从一般人到企业家都有可能，而且越高位者，听的层次越有可能局限于此。因为他们拥有成功的经验，认为自己足以判断何人、何事可听，何者不可听。

上述三种层次的听，都不及格，不是倾听，但大多数人是属于这三种类型。

第四层是"专注地听"，也叫"主动式""回应式"地听，以积极主动的态度去听别人的话，并适时给予一些回应，比如重复别人的话表示自己已经听到，但是是否说者说的每句话都进入大脑，是否都能听出说者的本意和真意，仍值得怀疑。

第五层是"同理心的倾听"，是积极思考、解读对方、理解对方。从听中了解对方的观念、感受和想法，并且抛开自己的立场和思维定式，完全站在对方的角度去体会对方的感受和情感，真正地去理解、感受、同情对方。

倾听的层次不一样，获得的信息也不一样，那么取得的沟通效果也大相径庭。听的层次越高，获取的信息越多，取得的沟通效果也越好。

其实，倾听和阅读一样，主要是心智的活动，而不是感官的活动。如果在听的过程中没有心智的参与，那只能称之为"随意地听"而非"用心听"，是"看"而非"阅读"，思考和解读才是倾听的核心。

三、倾听的技巧

1. 养成良好的态度和倾听习惯

实际上，倾听的态度和习惯比具体技巧更重要。因为我们许多人在社会生活中养成了愿意"说"而不愿意"听"，习惯"说"而不习惯"听"的倾向。人们"听话"的能力比"说话"的能力要差。造成这种情况有以下几种原因。首先是人们容易带着评判倾向来听，他们注意对方所说的与自己的价值观或看法是否一致，以此来把对方分成潜在的朋友或外人。这对于我们平时的人际关系或许是有意义的，但这种主观倾向很强的"听"的习惯在沟通中就会有妨碍作用，使我们带着偏见进入对方的世界。其次，真正的倾听是一件相当耗精力的事，需要全神贯注，不能分心走神。再次，有时说者的话中含有激起情绪反应或引发联想的作用，容易引起听者对说者内容的分心。由于信息传递中"噪音"的影响，导致错听、错解。以上种种情况需要听者高度重视，尽可能避免，在实践中养成良好的听的态度和习惯。

2. 倾听的时候要专注

在倾听的时候，首先要排除外在与内在的干扰。外在和内在的干扰是妨碍倾听的主要因素。因此倾听的首要方法就是尽可能地消除干扰，把注意力完全放在对方的身上，掌握对方的肢体语言，明白对方说了什么、没说什么，以及对方的话所代表的感觉与意义。

其次要尊重对方，积极专注。只有当说话者感受到倾听者对他的重视，感觉到自己话语的重要性时，他才能信心十足地表达，其表达欲望才会强烈，表达效果才最好。专注也是倾听一方必须具备的礼貌，听别人谈话时是否专注，能体现出一个人的教养。倾听也是沟通的一种方法，专注是有效倾听的基础。倾听对方表达时，要自然地表现出对谈话者的尊敬和对谈话内容的兴趣，做出愿意聆听的姿态。在与对方沟通之前，做好放松心情的准备，以饱满而愉快的情绪、平稳的心态为倾听做准备。

最后，在倾听的过程中要全神贯注，适当的时候表示赞同。点头或者微笑就可以表示倾听者赞同正在说的内容，表明自己与说话人意见相合。倾听者也可以面向说话者，同他保持目光的亲密接触，不时地点头或微笑。无论你是坐着还是站着，与对方要保持较近而又适度的距离。

3. 察其言观其行

当我们在和人谈话的时候，即使我们还没开口，我们内心的感觉就已经透过肢体语言清清楚楚地表现出来了。倾听者如果态度冷淡，说话者很自然地就会特别在意自己的一举一动，比较不愿意敞开心胸。从另一方面来说，如果听话的人态度开放、很感兴趣，那就表示他愿意接纳对方，很想了解对方的想法，说话的人就会受到鼓舞。

高层次的倾听要求倾听者以机警和通情达理的态度深入到说者的感受中去，细心地注意其所言所行，注意对方如何表达自己的问题，如何谈论自己的想法与感受，以及如何对所遇到问题做出反应。还要注意说话者在叙述时的犹豫停顿、语调变化及伴随言语出现的各种表情、姿势、动作等，从而对言语做出更完整的判断。例如，说话者说自己原谅了妻子的过错，可是说的时候情绪是激动的，表情是生气的，拳头是紧握的，从这些非言语线索中可以判断说话者实际上并没有真正原谅妻子的过错。

4. 适当地参与和反应

在倾听的过程中，倾听者适时地参与到话题中来并有所反应，可以让说话者感受到对方在认真听、愿意听，对说话者继续说下去、倾诉下去是一种鼓励，让说话者有一吐为快的欲望。可采用的倾听反应有以下五种：

（1）释义。倾听者将说话者信息中与情境、事件、人物和想法有关的内容进行重新解释，目的是帮助说话者注意自己信息的内容。

（2）情感反映。它是指对说话者的感受或说话者信息中的情感内容重新加以解释，目的是鼓励说话者更多地倾诉他的感受，帮助说话者意识到自己的情感，帮助说话者认识和管理情绪。

（3）归纳总结。它是将信息的不同内容或多个不同信息联系起来，并重新编排，目的是把说话者信息的多个元素连接在一起，确定一个共同的主题或模式，清除多余的陈述，回顾整个过程。

（4）澄清。它是在说话者发出模棱两可的信息后向说话者提出问题的反应。它开始于"你的意思……"或"你是说……"这样的问句，然后重复说话者先前的信息，目的是鼓励说话者更详细地叙述，检查倾听者所听到内容的准确性。

（5）鼓励。倾听者运用言语或非言语的方式使说话者介绍更多信息。此技巧包括点头、张开手，运用像"嗯哼"等肯定性短语，以及重复说话者话中的关键词等。复述是更深一层的鼓励方式，是指准确地重复说话者使用的两个或更多词。此外，适当的微笑和关心是两种主要的鼓励手段。

5. 暗中回顾，整理出重点，并提出自己的结论

当我们和人谈话的时候，我们通常都会有几秒钟的时间可以在心里回顾一下对方的话，整理出其中的重点所在。我们必须删去无关紧要的细节，把注意力集中在对方想说的重点和对方主要的想法上，并且在心中熟记这些重点和想法。

暗中回顾并整理出重点，也可以帮助我们继续提出问题。如果我们能指出对方有些地方话只说到一半或者语焉不详，说话的人就知道，我们一直都在听他讲话，而且我们也很努力地想完全了解他的话。如果我们不太确定对方比较重视哪些重点或想法，就可以利用询问的方式，来让他知道我们对谈话的内容有所注意。

6. 设身处地地感受

倾听者不但要听懂说话者通过言语、行为所表达出来的东西，还要听出弦外之音，听出说话者在交谈中所省略的和没有表达出来的内容。在多方面因素的影响下，很多人在谈较为敏感的话题时，往往用比较含蓄、隐晦的方式，只谈些皮毛或打"擦边球"。有时说话所谈的很多事情我们未曾切身经历过，这都需要倾听者尽量设想其处境，切身体会，才能感受说话者所经历的心理反应与体验，才能更好地了解对方。

7. 非必要时，避免打断他人的谈话

善于听别人说话的人不会因为自己想强调一些细枝末节、想修正对方话中一些无关紧要的部分、想突然转变话题，或者想说完一句刚刚没说完的话，就随便打断对方的话。经

常打断别人说话就表示我们不善于听人说话、个性激进、礼数不周，很容易引起别人的不适，让别人反感，难以实现和别人的沟通。

随意打断对方会打击对方谈话的积极性，削弱他表达的热情。当对方谈兴正浓时，你突然打断他的话，将使他很恼火；当对方迫切需要倾诉以发泄郁闷情绪时，你突然打断会让他更加郁闷。不要随意接话、插话。比如对方说到某些你熟悉的话题，你说"我也这样做过，有一次……""哦，你说的我知道，不就是……"这些话很快就会让对方从说话者变成倾听者。另起话题也不好，"算了，别说那些了，咱们谈谈……"这样会让对方认为你对他的话题很厌烦。

如果是在交谈的过程中，有一些问题没听明白或是没听清楚，可以在说话者的内容告一段落时适时地打断别人，再将问题提出来进行询问或确认。这样可以表示倾听者对说话者说话内容的重视和认真倾听的态度，让说话者感觉到你很愿意继续听他说下去，让他有继续说下去甚至是一吐为快的欲望。不过，在打断别人时要先致歉或说明原因和情况。

四、倾听应注意的问题

不耐心倾听，过早下判断、做解释、提忠告和不恰当的赞扬与道德谴责，是导致交流和沟通失败的主要原因。一些人不重视倾听，不愿意倾听，常常犯一些错误。在倾听的过程中要注意以下一些问题。

1. 不要急于下结论

在交谈中一些人没有耐心充分地倾听，在别人还没说完、意思还没表达清楚的情况下，就根据自己已有的经验和思维进行判断，给别人下结论，殊不知这样的结论只是自己的经验和体会，并不是说者的体会和感受。并且，急于下结论，也往往会打断别人说话的内容和思路，让人丧失了说下去的欲望和冲动。结论下得仓促，不符合说话者的情况，还很容易招致说话者的反感。

2. 不要轻易转移话题

很多人在倾听时，不能更多地投入，表面上看是在听，实际更多的是在关注自己。在交谈的过程中，对说话者说话的内容不耐烦、不耐心听，转移话题，只谈自己感兴趣的话题，或通过向对方提问了解自己感兴趣的话题和内容，也不是真正的倾听。

3. 不要做过多的价值判断

在交谈的过程中，一些人会对别人的行为做过多的价值判断。如"你这样是不对的""你就应该这样""你怎么能做出这样的事情呢"等，这些价值判断仅仅是站在个人的角度进行的判断，不是说话者的判断和想法，这样的价值判断会让说话者感受到强烈的受挫感，没有再说下去的欲望，是倾听的忌讳。

也许对方的观点令你难以接受，甚至有些观点是错误的。但是不要随便评判他的对错，更不要拿你的观点与他争辩。如果你实在不喜欢他的看法，不妨适时提些小问题，将话题转移到你想要的方向，这样不至于打断对方说话的思路，不会改变他在交谈中所处的主角地位。你可以说："哦，很好，那么接下来我可不可以了解一下您对这件事的看法？"

# 第八章 非言语沟通

语言是人类最重要的沟通工具，但语言并非是人类唯一的交流沟通方式。其实非言语沟通也是人们日常生活和工作常用的，并且是不被人们注意的沟通表达方式，他比言语交流更为常见，也更具有表达力。

古希腊著名的演说家德摩西尼认为："演讲的秘诀在于姿态。"我国的教育家陶行知先生说过："演讲能使失聪者看得懂，则演讲之技精矣。"因此，古今中外的演讲家都十分重视非言语沟通，并把它当作辅助工具，来增强演讲效果。

第一节 非言语沟通概述

一、非言语沟通的含义

人们日常生活、工作、交流、学习中，往往会发现在某些时候，非言语沟通这种交流方式可以起到普通语言文字无法达到的效果和作用。一个人的动作、表情、语调、眼神等都可以起到传情达意的作用。所以说，非言语沟通不仅是利用语言及文字进行信息交流沟通的一种补充形式，也是一种人与人之间的心理沟通方式，更是人类情绪和情感的相互交流和相互感应。

非言语沟通是相对于言语沟通而言的，是指通过口头和书面沟通之外的沟通方式传递信息，包括身体动作、眼神、体态、手势、表情、语气语调、身体距离等方式交流信息、进行沟通的过程。

在沟通中，信息的内容部分往往通过言语来表达，而非言语则作为提供解释内容的框架，来表达信息的相关部分。因此非言语沟通常被错误地认为是辅助性或支持性角色，其实，人在沟通中有至少55%的信息是通过非言语沟通完成的。

二、非言语沟通的特点

非言语沟通具有以下六个方面的特点。

1. 普遍性

在人类沟通过程中，几乎每个人从小就自觉不自觉地拥有了非言语沟通的能力。据考证，这种沟通能力的获得是人类有史以来就有的一种本能。人类产生以后，就开始了人与

自然界及人与人之间的沟通活动，这种非言语沟通在语言符号产生之前就已是最重要的沟通形式了。随着人们实践活动的发展、社会的进步和人际交往范围的扩大，人们的非言语沟通能力也不断得到丰富和发展。这种非言语沟通能力不仅中国人有，外国人也有。不过，由于各国文化的不同，这种非言语的表达方式也有所不同，但就一般意义上来讲，与各国各民族所用的语言比较起来，非言语沟通的信息共享更强一些。国际音乐节和舞蹈节邀请了许多国家的歌唱家一起同台演出，有时并不需要说同样的语言。音乐、舞蹈和表情可以让不同国家的人们跨越语言障碍进行沟通与交流。

2. 民族性

不同的民族有不同的文化和风俗习惯，这种不同的文化传统和风俗习惯决定了其特有的非言语沟通符号。例如，在欧洲一些国家，亲吻、碰鼻是一种礼节，是一种友好热情的表示，尤其是对女性而言。但中国人往往不太习惯，而更习惯以握手的方式来表达友好和热情。

3. 社会性

人与人之间的关系是一种社会关系。人们的年龄、性别、文化程度、伦理道德、价值取向、生活环境、宗教信仰等社会因素都对非言语沟通产生影响。社会中的不同职业角色、不同阶层、不同年龄的人群都对非言语沟通有着较细微的规定性，如有些年轻人喜欢相互用手拍肩膀以示友好或表示"哥们儿"。然而，如果对父母亲或年龄较大的长辈使用同样的方式来表达友好就显得缺乏礼貌了。

4. 审美性

非言语沟通所表现的行为举止是一种美的体现，对此类行为认同的基础是人们的审美观念。人们审美观念的形成与所处的环境、年龄和经历有着很大关系，例如人的仪表美就是一个有争论的题目。女性梳妆打扮是一种美的表达，但打扮过度也有可能给别人传达出一种过分轻浮的信息。如果沟通的参与者意见不一致，对外在美所体现的心灵美看法不同，那么就会因看法不一致而影响人际间的沟通和交流。

5. 规范性

规范性是指一个社会群体或一个民族受特定文化传统的影响，长期以来对非言语沟通所产生的社会认同。每一种社会角色都有被大家承认的行为举止准则，在运用非言语符号时，要考虑沟通对象的文化因素、民族因素、环境因素、年龄因素、心理因素、社会道德因素等。一旦忽略了某种非言语符号所特有的规范性，便会造成误解和障碍。

6. 情境性

非言语沟通一般不能够单独使用，不能脱离当时当地的条件、环境背景。只有那些善于将非言语符号与真实环境背景联系起来的人，才能将非言语符号运用得准确、恰当。在不同的环境和情境下，非言语符号所表达的意义和信息会完全不同。

三、非言语沟通的作用

长期以来，非言语符号可用来传递信息、沟通思想、交流感情，这些已被人们所熟悉。

有人说，人的脸部能表现出约25万种不同的信息，教室内可以有7 000多种课堂手势，这些非言语符号都有着丰富的含义。在特定的场合，非言语符号都可起到特有的作用。具体有以下几种：

（一）表情答意作用

在日常工作、生活中，人们普遍运用较多的非言语工具是目光语和手势语，目光语和手势语等非言语工具在许多情况下具有语言文字所不能替代的表情答意作用。

眼睛是人心灵的窗户，能明显、自然、准确地展示自身的心理活动。眼神是传递信息十分有效的途径和方式，不同的眼神可起到不同的作用。在人际沟通中，目光语可以表现多种感情，根据情境不同，既可表示情意绵绵，暗送秋波；也可以表示横眉冷对，寒气逼人等。目光语通常有以下几种作用：提供信息；调节互动；启发引导；告诫批评；表达关心。如教师在上课的过程中，对认真思考的学生投以询问的目光，对举手回答问题的学生投以鼓励、赞许的目光，对上课不认真听讲的学生投以责备、批评、告诫的目光。此时虽然没有任何语言，但却能使课堂正常进行，使学生得到鼓励和赞扬，或产生内疚和自省。同样，学生对教师投来一个钦佩、期望的目光，就可使教师消除身体疲劳，感受到自身工作的价值。

手势是有声语言的延伸，是非言语中重要的表达方式，富有极强的表情达意的功能，表达的信息丰富多彩。如病人刚入院时，护士手掌心朝上，引导病人到床边，表示礼貌；病人出院时，挥动单手表示辞别、再见；儿童接受注射治疗后，竖大拇指表示好样的、棒极了；术后病人示意下床活动时，"OK"手势表示支持和允许；如病情不允许离床活动，则摆手或摇头表示不同意；当学生在犯错误后及时承认错误并积极改正，老师拍拍学生的肩予以肯定；或者学生在回答出自己提出的问题后能竖起大拇指，得到的效果胜过口头表示。但手势语因民族、国家、地区的不同，所表达的含义也不同。因此，在与外国人交流时应谨慎使用。

（二）表达友善与鼓励

一个和蔼亲切的表情向他人传递了友好的信号，而一副生硬的面孔则向他人传递着冷漠和疏远的信号。在现实生活中，微笑是礼貌待人的基本要求，是心理健康的标志。微笑是一种知心会意、表示友好的笑，是在社交场合中最有吸引力、最有价值的面部表情，既悦己又悦人。心理学家曾做过这样一个实验：找100人作为受试者，让他们根据陌生人的照片进行判断，说出对哪些人的印象最好，哪些人的品德和能力更强。结果90%的受试者指出面带微笑的人的能力、品行最好，给人留下最好的印象。由此可见，微笑对塑造自身的良好形象有着重要的作用。

比如在面试中，应聘者如果能够面带微笑，以真诚的微笑向面试官传递出友善、关注、尊重、理解等信息，可以在面试官心中树立良好的形象，进而增加面试成功的概率。对面试官来说，适时的微笑也有助于营造和谐融洽的交流氛围，适度的微笑往往会给初次参加面试的应聘者莫大的鼓励，从而有助于面试的顺利进行。

面部表情是有效沟通的世界通用语言，不同国家或不同文化对面部表情的解释具有高度的一致性。无论哪个国家的人，看到别人的微笑，都会认为微笑代表开心、快乐、愉快、鼓励、赞赏、允许、肯定等积极的情绪和情感；而哭泣则表示伤心、难过、委屈、痛苦、懊悔等消极的情绪和情感。人类的各种情感都可以非常灵敏地通过面部表情反映出来，面部表情的变化是十分迅速、敏捷和细致的，能够真实、准确地反映感情，传递信息。

（三）语言的替代

在非言语沟通中有一种有声沟通在日常生活、学习和生活中运用广泛，它是通过发音器官或身体的某部分所发出的非言语性声音而进行的沟通方式，主要表现在人们说话时的声调高低、强弱和抑扬顿挫，以及说话时的停顿和沉默，这些非言语沟通方式往往会产生意料之外的效果。在噪声较大的工地或停车场，人们无法听见对方的讲话，便用手势来指挥吊车的工作、停车的位置和距离；在实弹射击场要求要有紧张、严肃的氛围，教师在学生射击过程中，除在射击前和射击结束时下达正常的口令外，在射击过程中不针对单个或部分学生下达口令，只是简短提示，以免惊吓其他学生而发生意外事故。

在一定的场景下，我们会发现，即使对方没有说一句话，但我们从对方的表情上已经了解到对方的意思。当一个人不能听或者说时，非言语符号常常代替言语来表达意思。这种替代是有条件的，即一定是同样文化氛围或者是普遍被人们认同的规则下才能应用，否则容易引起误解。

（四）相互了解，增进感情

在沟通过程中，倾听和讲话一样具有说服力。因为专注地倾听别人讲话，则表示倾听者对说话者的看法很重视，能使对方对你产生信赖和好感，使说话者形成愉悦、宽容的心理。在大多数情况下，听一番思想活跃、观点新颖、信息量大、情感波动较大的谈话，倾听者甚至比说话者还要疲劳，这就需要积极的倾听。要求倾听者聚精会神，积极调动知识、经验储备及感情等，使大脑处于紧张状态，接收信号后，立即加以识别、归类、解码，做出相应的反应，表示出理解或疑惑、支持或反对、愉快或难受等。适当的倾听是对对方的一种尊重，可获得对方的信任。

四、非言语沟通的分类

我们的一颦一笑、站立坐走甚至是服饰穿着都传递着非言语沟通的信息。这些都是非言语沟通。非言语沟通方式主要分为以下几类：

1. 身体语言

身体语言又被称为肢体语言或体态语言，主要是指人体发送出的非言语信息符号。身体语言是所有非言语沟通形式中内容最丰富、最复杂、使用最频繁的形式，它包括面部表情语、眼神语、手势语、肢体语（站、立、走、蹲的姿势）等。

其中，表情是非言语沟通形式中最重要、使用最频繁、表现力最强的形式；手则是人体最灵活的部位之一，与声音相比，手势具有很多优点，如清晰、明确等。

身体语言在面对面的沟通交流中占有十分重要的地位，我们知道"第一印象"的形成，很多时候是来自身体语言传递的信息。达·芬奇曾说过，精神应该通过姿势和四肢的运动来表现。周恩来总理就是这方面的典范。周总理那坚毅的目光、从容的举止、挺拔的身姿、儒雅的风度，为其外交沟通增光添彩，给世人留下了十分深刻的印象。

2. 服饰语言

语言是人们用于沟通和交流的一种信息符号，有声的语言是我们从小就要刻意练习的一种能力。服饰也是一种语言，是一种有形无声的符号语言，服饰语言就是用服饰来表达信息。比如，人们的衣着、化妆、发型、首饰、随身携带的包等都可以传递出信息。我们可以通过一个人的服饰来了解这个人的脾气、性格、爱好、品味甚至社会地位。

服装语言的存在，从人类远古时代的兽皮草叶披身，到现代高科技背景下的多元文化的异常活跃，它们早已经不再是仅仅满足生理机能上的需求，而更多的是承载了人类思想、精神、文化、情感、审美上的自我探索与诉求，记录着人类文明的发展历程。

3. 声音副语言

副语言沟通是通过非语词的声音，如重音、声调的变化，以及哭、笑、停顿来实现的沟通。心理学家称非语词的声音信号为副语言。副语言在沟通过程中起着十分重要的作用，一句话的含义不仅取决于其字面意思，还取决于它的弦外之音。语音表达方式的变化，尤其是语调的变化，可以使字面相同的一句话具有完全不同的含义。

副语言作为一种表情达意的符号系统，是人内心潜意识的反映，是能够自觉或不自觉地打开交际双方情绪状态的"密码"，准确表达出交际者的意念、情感、态度、立场、地位、身份、性格等信息。例如：故意降低语速、提高音量、加强停顿可能是为了表达交际者的慎重和强调的态度，而说话时伴有笑声或停顿则有可能是为了表达交际者开朗或犹豫不决的性格特征等。说话人的痛苦、惊讶、愤慨、恐惧、欢愉或困乏等心理和生理反应不可能都由交际中的语言来直接传达，而伴随语言信息传达的副语言最能表达人的喜怒哀乐，极大地丰富了信息的传达方式，使语言交际变得更为简单方便。比如，我们在收听球赛广播时，尽管看不见播音员的面容和动作，有时也不能完全听清说话的内容，但却能从尖锐、短促乃至声嘶力竭的语调中感受到兴奋或紧张的心情；而从低沉、叹息声中感觉出惋惜之情。

在言语交际过程中，副语言还经常伴随其他的非言语行为特征来加强信息传递的效果。如一位姑娘对一位小伙说"讨厌你"，她说话时却双目含笑，语调温柔，还带着一种娇嗔，小伙子听了并不会感到是一种威胁，反而会感到更加亲近与幸福。妈妈在训斥或痛打犯错的孩子时会说："瞧你干的好事，你真是个好孩子！"从妈妈愤怒的面部表情、谴责的说话声调等可以觉察到妈妈并不觉得"孩子真的好"，她那讥讽的口吻里透露出的完全是一种"恨铁不成钢"的心情。这种反意的表达远比直陈的"你干了坏事！你真是个坏孩子！"来得效果更好。这些充分表明，人们在交际过程中可以利用音调的不同、音长的差异、轻重的变化等副语言特征来交流思想，传递不同的情感因素。

4. 标记语言

标记语言即用手势、代号等代替文字语言的特殊标记系统。如聋哑人的手语、交警的指挥手势等。我们似乎已经进入一个"符号"时代，通过很多符号、特定标记来进行无声的信息传递，标记符号的非言语沟通会越来越多，如裁判的手势，以及人们惯用的一些手势，如"OK"和胜利的"V"等。

标记语言也可以采用概括性图案加以表现，例如机动车道上的"禁停"标志、十字路口的红绿灯、美元的"$"符号等都是标记语言，都用特定的符号传递着信息。

5. 物体语言

物体语言又称物体传播。是人利用物体或通过对物体的使用而传递出具有一定意义的信号。在人际交往中，物体语言就是一种感染力很强的信息传播媒介。比如房间物体的摆设、一个人随身携带的物品等，都可以传递出信息。

比如一个女性穿的衣服总是得体大方，讲究衣服质地和裁剪，可以看出这个女性是个讲究生活品位的人；有的女性穿着总是简单朴素，挑打折降价的衣服买，可以看出她是一个勤劳、朴素的人。一个人的卫生状况也给人以不同的信号。一个人总是把自己的房间和办公室收拾得井井有条、一尘不染，可以看出这个人是个干净利落、严谨、自律、考虑周密的人；而如果一个人总是东西乱扔、丢三落四，那么这个人十有八九是个粗心大意、马马虎虎、意气用事的人。

在特殊条件下，一种物体就可能以其特征或约定的寓意传播一定的信息。例如，男女之间赠送信物；男性求婚通常送玫瑰花和戒指；窗台上放一盆花向来人报警，说明居室已被监视；具有共同或相似样式的楼房，表明这是一种特殊机构，比如火车站、海关、警察局等。

第二节　身体语言

身体语言又被称为体态语言或肢体语言，是指人体发送出的非言语信息符号。通过体语实现的沟通叫体语沟通。身体语言，包括目光与面部表情、身体姿势与手势、身体间的空间距离等。

我们在与人交流沟通时，即使不说话，也可以凭借对方的身体语言来探索他内心的秘密，对方也同样可以通过身体语言了解到我们的真实想法。人们可以在语言上伪装自己，但总是无意识间做出一些动作透露出自己的真实感受和想法，常常被身体语言所"出卖"。德国哲学家A·斯科芬翰尔说："人们的脸直接地反映了他的本质，假若我们被欺骗，未能从对方的脸上看穿别人的本质，被欺骗的原因不是由于对方的脸没有反映出他的本质，而是由于我们自己观察得不够。"因此，解译人们的身体语言，可以更好地认识和了解他人。

一、面部表情

面部表情是指通过眼部肌肉、颜面肌肉和口部肌肉的变化来表现各种情绪状态。面部表情是一种非常重要的非言语沟通方式。表情和仪容、仪态、服饰一样能够表达出人的各种情绪、情感的变化，表情有时候比语言表达更重要。

（一）常见的面部表情

我们的面部包括额头、眉毛、眼睛、眼睑、脸颊、鼻子、嘴、下巴这些部位。这些部位的动作进行不同的组合和排列，会呈现不同的表情，传递出不同的情绪和信息。常见的有以下6种面部表情：

1. 快 乐

尽管微笑并不是表现快乐独一无二的信号，但微笑确实是这种情绪最显而易见的标志。微笑语是一种世界通用语，它除了表示友好、愉悦、乐意、欢迎、欣赏之外，还可以表示鼓励、谅解、理解等，可以表现出温馨、亲切的感觉，能有效地缩短沟通双方的距离，给对方留下美好的心理感受，从而形成融洽的沟通氛围。

微笑对面部产生影响的部位主要涉及眼睛、嘴和脸颊。微笑时，下眼睑微微上扬，在下眼睑下面会出现皱纹，鱼尾纹可能会分布在眼角外围。当你的唇角向外和向上运动的时候，嘴巴就会变长。你的双唇可能会分开，并露出牙齿（通常露出上面的牙齿）。大笑也可能会产生两条笑纹，从唇角的外部一直向上延伸至鼻翼。你的脸颊也会上升，鼓胀起来，有可能高到让你的双眼看起来变窄变细的程度，这样会更加凸显出嘴到鼻子之间的笑纹。

真正的微笑，应该是发自内心的一种情感，是人的内心活动的自然流露，没有任何外来的包装或矫饰，这样的微笑往往最具有感染力。

在微笑的时候，要注意不要出现下面这些情况：

假笑。虚假地笑，也就是平时人们常说的"皮笑肉不笑"，它往往让人感觉不真诚。

冷笑。是含有怒意、讽刺、不满、无可奈何、不屑、不以为然等意味的笑，非常容易让人产生敌意。

怪笑。即笑得怪里怪气，令人心里发麻，多含有恐吓、嘲讽之意，令人十分反感。

媚笑。即有意讨好别人的笑。它并非发自内心，而来自一定的功利性目的。

窃笑。即偷偷地笑，多表示洋洋自得、幸灾乐祸或看他人的笑话，常常会让人反感。

2. 悲 伤

从整体上来说，嘴最能表露出人的悲伤情绪。悲伤的时候，嘴角下垂，会凸显出整个面部松弛呆滞和无精打采的表情。如果你因为悲伤而流泪哭泣，你的双唇可能会颤抖，你的眉端会上扬，因此，双眉之间的空间、鼻子根部，以及两只眼睛会呈现出一个三角形。在这个三角形的上方，额头可能会出现皱纹。同时，如果有泪水的话，噙在眼睛里的泪水会闪闪发光。

3. 惊 奇

当你感到惊奇的时候，眉毛会向上翘。额头的皱纹会形成波状，横向分布在额头上。双眼睁得很大，会露出更多的眼白。你的下颌会下垂，嘴会微微张开。

4. 恐 惧

当你受到惊吓或感到害怕的时候,你的面部的各个部位做出的反应也非常多。然而,在世界的许多地方,还存在着细微的差别。

感到恐惧的时候,你的眉毛会上扬,并皱缩在一起。相比惊奇的表情,眉毛看上去没有那么弯曲,你的额头也会出现皱纹,但是,这次并不完全是横向分布,而是眉间往往会出现纵向的皱纹。你会抬起上眼睑,露出眼白。下眼睑会变得紧绷,并且上扬。你的嘴会张开,双唇会紧紧地向后拉伸。

5. 生 气

当你感到生气和愤怒的时候,肌肉会将你的眉毛往下拉,并向内紧缩。眉头紧锁,会让两眉之间出现纵向的皱纹。而当你的上眼睑和下眼睑向着彼此移动得越来越近的时候,双眼会变得窄而细。你的眼神看起来严厉而冷酷,像是凝视他人的样子,甚至眼睛看起来像要突出来一样。双唇很有可能紧闭,形成一条线,嘴角向下,或者嘴巴张开,双唇紧张,就像要爆发出大声的喊叫一样。一些处于盛怒中的人还会皱起鼻子,或者张开鼻孔。

6. 厌 恶

当某些东西或事情让你感到讨厌或憎恶的时候,这种情绪主要会反映在你的眼睛里面,以及面部的下部分。下眼睑上扬,在眼睑下方会出现一些皱纹。你会皱起鼻子,脸颊上移,双唇可能会上扬,或者仅仅只是向上牵动上嘴唇,下嘴唇下拉,嘴巴微微翘起。

(二)面部表情的特点

面部表情具有以下特点:

1. 外露性强

面部表情外露性强。一般情况下,人们的思想、情感和感受、体会都会通过面部表情表现出来,很直截了当,旁人一眼就能看清。人们常常通过面部表情来判断一个人是否在说谎。人在说谎的时候,往往会心虚,眼神不自觉地躲闪,所以当我们怀疑别人说谎的时候,通常会说:"请你正视我的眼睛。"因为眼神不会说谎。

当你生气的时候,不自觉地脸上的肌肉会往下,眉毛下垂,眉头紧锁,双眼会变得窄而细,眼神严厉而冷酷,双唇能紧闭,嘴角向下,或者嘴巴张开,双唇紧张,就像要爆发出大声的喊叫一样。这些脸、眼睛、嘴巴、唇部的变化都会呈现在脸上,无须特别的细致观察,明眼人都能看清。

2. 配合语气、语调等

人们在表达自己的感受、情绪或情感时,并不单单只使用面部表情,而是在无意识间综合运用面部表情、说话、语气、语调等手段。表情的变化,往往与语气、语调的变化相一致,这样才能完整地表达出情感、情绪,传递出信息产生有声有色的生动形象。

比如当你感到惊奇的时候,眉毛向上翘,额头的皱纹会形成波状,双眼睁大,下颌下垂,嘴微微张开,同时,往往会发出"哇"的声音,说"哇"的时候,声音往往拖得比较长,语调还会上扬。

3. 复杂丰富

面部表情虽然有外露性强的特点，但类似的表情可能会传递出不同的情绪，有时会出现复杂难辨的面部表情，弄不准还可能产生误会。

生活中有一些人很善于伪装，能做出各种面部表情来隐藏自己的内心。还有一些经过特别训练的人，为了不让别人了解自己心里的真实感受和想法，会通过控制自己的面部表情来掩盖自己的真实意图和感受。这样也往往会让人难以察觉，无法分辨。

二、眼　神

在整个面部表情中，最鲜明、最突出、最能反映深层心理的是眼睛的神态，即眼神。"眼睛是心灵的窗户。"人的喜怒哀乐、爱憎好恶都能从眼神中表现出来，眼神甚至能表达出用言语难以表达的极其微妙的思想感情。演讲者要学会用眼睛说话，把自己真实的感情流露在眼睛里，随时运用眼睛与听众交流感情。

（一）演讲时运用眼神的方法

演讲时运用眼神的方法主要有五种：

1. 前视法

即视线平直向前流动的方法。它要求演讲者的视线平直向前、统摄全场。

一般来说，视线的落点应放在全场中间听众的脸上。在此基础上适当地变换视线，照顾到全场听众，并用弧形的视线在全场流转，不可忘掉任何一个角落的听众。这样，可使每个听众都感到演讲者在关注自己，从而引起听众的注意。同时也有利于演讲者保持端正良好的姿态，随时注意会场的气氛和听众的情绪。

2. 环视法

即用眼睛环视听众的方法。它要求演讲者的视线从会场的左右前后迅速来回扫动，不断地观察全场，与全体听众保持眼光接触，增强双方的情感交流。将前视法与环视法结合起来，既可观察到听众的心理变化，又可检验表演效果，控制全场的情绪。

3. 专注法

即把视线集中到某一点或某一方面的方法，它要求演讲者的视线有重点地观察个别听众或会场的某一个角落，并与之进行目光接触，同听众个别交流感情。这种方法既可启发、引导听众，又可以批评、制止不守纪律的听众。

4. 斜视法

即把眼珠向左或向右移动的方法。既可表现对左右听众的关注，同时配合面部表情，又可表现喜欢或鄙夷的情感。

5. 虚视法

即似看非看的方法。这种视而不见的方法可减轻演讲者的心理压力。既可表现对左右听众的关注，又可表示思考，把听众带入想象的境界。

演讲者学会了"用眼神助说话",就很容易撩拨人的心弦。演讲者最忌的是从始至终用一种眼神,这样会给人呆滞、麻木的感觉。当然眼睛也不能无目的地乱转、仰视房顶、偷看评委或死盯讲稿。

(二)演讲时眼神交流技巧

(1)上台后可以抬头环视四周,扫视全场,或点视某物某人。

(2)在演讲的过程中,要注意用眼神的变化来表达自己内在的丰富感情。比如讲到高兴处,可以睁开眼,让它散发出兴奋的光芒;讲到哀伤处,眼皮下垂,或呆滞一会儿,使这种感情显露出来;讲到愤怒处,瞪大眼,固定眼珠,让眼睛射出逼人的光芒;讲到愉快处,可松开眉眼,让眼神充满令人喜悦的光彩。总之,什么样的思想感情,就应当配以什么样的眼神。

(3)整个演讲过程中,一般情况下是目光平视,根据内容需要,眼睛的视线或近或远,或轮转环视,或用询问的眼光与某一个听众交流、或用亲切友好的目光寻求听众的支持。

三、身体姿势

一名演讲者,要表现稳定优美、舒坦自然的姿态,就必须学会"体态语言"。

体态是指表演者的身体姿态和身体动作。它也是一种塑造表演者形象、辅助口语传情达意的无声语言。体态语主要包括头部语、身姿语和手势语三个部分。

(一)头部语

头为仪容的主体,它的位置应当平正闲适,而不要偏侧倾斜,头部动作不宜过多,应该和身躯手势相应。

头部语表情达意的方法一般有:点头表示赞同,摇头表示否定,低头表示谦逊或忧虑,昂头表示勇敢或高傲,后仰表示软弱或失望,倾斜表示得意或愉悦,左右微摇表示怀疑或不忍,前突表示惊讶或逗趣,微倾表示观察或思考,直立表示庄严或坚强。

(二)身姿语

身姿语是通过身体姿态的变化来表达的一种无声语言。它包括站姿语、坐姿语和步姿语。

1. 站姿语

站姿语是演讲中常见的一种体态语,是通过站立的姿态进行表达的一种无声语言。

(1)标准站姿。

① 标准的站姿是全身挺直,挺胸收腹,精神饱满,两肩平齐,腿要绷直。

② 男士和女士的脚的摆放是有区别的:男士的脚呈稍息姿态,两脚之间距离不能太小也不能太大。女士的脚呈丁字步,前面的一只脚放在后面的一只脚的1/3处,两只脚之间的夹角是45度,站立时,重心应放在前面那只脚上。

③ 男士和女士的手的摆放的区别:男士和女士的手都可以合拢来放。左手放下,右手放上。男士双手放后,女士双手放前。女士的手应放在腹部,不能太上也不能太下;男士

和女士的手也可分开来放,男士左手放后,右手放于胸前。女士左手垂放,右手放于胸前。
　　④ 男士和女士的双手都可垂放。
（2）站姿的禁忌。
　　① 两脚并拢、昂首挺胸,很有精神,却显呆板,不能给人自然美。
　　② 两脚叉开,显得不谦虚也不文雅。
　　③ 呈稍息姿态,一只脚还在不停抖动,给人不严肃、不稳重的印象。
　　④ 摆弄衣角、纽扣,低头不面向听众,给人胆怯之感。
　　⑤ 耸肩或不停地晃动身体,扭腰,将手插入兜内,给人懒散的感觉。

2. 坐姿语

坐姿语是我们演讲中常见的一种体态语。坐姿有严肃性坐姿和随意性坐姿。不同的环境,我们用不同的坐姿。在一些严肃的场合采用严肃性坐姿,在一些非严肃的、随和的场合可采用随意性坐姿。

不管是严肃性坐姿,还是随意性坐姿,都有"坐姿的一般要求"。
　　① 入座时,应当轻而稳,不要给人毛手毛脚不稳重的印象。
　　② 坐的姿态要端庄、大方、自然。
　　③ 无论什么坐具,都不要坐得太满。
　　④ 上身要挺直,不要左右摇晃,腿的姿势配合要得当,一般不能翘起二郎腿。
　　⑤ 演讲时,上身要些许前倾,表示对对方的尊重和自己的专心。
　　⑥ 上身需要后仰时,幅度不能太大,否则会给人困扰、无聊、想休息的印象。

3. 步姿语

步姿语是通过步态的变化来传递信息的一种无声语言。步频较快、步履轻松,表示"春风得意";走路时拖着步子、步伐小或时快时慢,则表示自卑、紧张。

步姿语的一般要求：自然、轻盈、敏捷、矫健。自然而不别扭、轻盈而不鲁莽、敏捷而不笨拙、矫健而不自卑。

一般情况下,当我们登上主席台做演讲时,要用"庄重礼仪"型,即行走时,上身挺直,步伐矫健,双膝弯曲度小,步子幅度速度要适中。如果演讲大受欢迎,我们的步伐也可采用"稳重自得"型,即行走时步履稳健,昂首阔步,步伐较缓,幅度较大。总之,不管是"庄重礼仪"型步伐,还是"稳重自得"型步伐,我们都要注意手的摆动,即手臂要伸直放松,手指自然弯曲,摆动时,要以肩关节为轴,用上臂带动前臂向前,脚跟要先着地,依靠后腿将身体重心送到前脚掌,使身体前移。

（三）手势语

手势,是演讲者运用手指、手掌、拳头和手臂的动作变化,表达思想感情的一种体态语言。它是体态语言的重要组成部分。美国心理学家詹姆斯认为,在身体的各部分中,手的表达能力仅次于脸。演讲者的情绪变化,也往往可以从手的动作幅度、位置、紧张程度等方面表现出来。在演讲中,手势有着不可低估的作用。恰当地运用手势,对于加强口语的语势、补充口语的不足、表现演讲者的体态形象、增强演讲的说服力和感染力都有着重要作用。

1. 手势活动的范围

（1）肩部以上，称为上区手势。手势在这一区域活动，一般表示理想、希望、喜悦、祝贺等；手势向内、向上，手心也向上，其动作幅度较大，大多用来表示积极肯定的、激昂慷慨的内容和感情。如演讲者讲到激动时，常常双手向上举甚至挥动拳头。

（2）肩部至腰部，称为中区手势。手势在这一区域活动，多表示叙述事物、说明事理和较为客观平静的情绪，一般不带有浓厚的感情色彩。其动作要领是单手或双手自然地向前或两侧平伸，手心可以向上、向下，也可以和地面垂直，动作幅度适中。如叙述一件事情或分析一个道理时，演讲者的手势常常在胸前出现。

（3）腰部以下，称为下区手势。手势在这一区域活动，一般表示憎恶、鄙视、反对、批判、失望等情绪。其基本动作是手心向下，手势向前或向两侧往下压，动作幅度较小。如讲到"我们需与一切没落的、腐朽的思想决裂！"时，演讲者会做出一个往下劈的手势。

2. 手势活动的方向

一般说来，向内、向上的手势，意味着肯定、赞同、号召、鼓励、希望、充满信心，是积极的手势；向外向下的手势，意味着否定、拒绝、制止、终止、摒弃、冷漠、是消极的手势。如，同样是搓手，朝上搓。可能是摩拳擦掌、急不可待；往下搓，则可能是局促不安、不好意思。同样是举起两个手掌，掌心向内，往内缩，表示向我靠拢、注意我；掌心向下、往外推，则是意味着拒绝、回避。

3. 单式手势与复式手势的运用

用单手做的手势叫单式手势；用双手做的手势叫复式手势。它们能在不同程度上辅助口语的表情达意。在运用时要注意以下三点：

（1）听众的多少。一般来说，会场较大、听众较多的场面，为了强化手势的辅助作用，激发听众的情感，可以用复式手势。反之，用单式手势较为合适。

（2）感情的强弱。一般来说，讲到批评或表扬、肯定或否定、赞同或反对时，其情感特别强烈时，可用复式手势。在一般情况下，用单式手势较为合适。

（3）内容的需要。形式是为内容服务的，这是决定用单式手势或复式手势的最根本的依据。如果离开了内容的需要，即使会场再大，听众再多，也不宜用复式手势。同样，根据内容的需要，应该用复式手势时，如果使用单式手势，则显得单薄无力。

4. 手势语使用须遵循的原则

（1）雅观自然。

运用体态语言、动作要做到端正、高雅，符合生活美学的要求。人们听演讲，除了获得信息，受到启迪之外，也需要获得美的享受。演讲的体态动作要做到姿态优美、恰如其分，符合人们的审美习惯。演讲者的手势贵在自然，自然才见感情的真实流露，自然才能真实地表情达意，才能给人以美感。优美自然的体态语言还必须符合演讲者的性别、年龄、经历、职业及性格等特征。

（2）因人制宜。

在演讲中体态语言的恰当运用可以表现一个人的成熟、自信、涵养、气质和风度。演讲者要根据自身条件，选择符合自己的身份、性别、职业、体貌、有表现力的、合适的手势。就性别而言，男性的手势一般刚劲有力，外向动作较多；而女性的手势主要是柔和细腻，手心内向动作较多。就年龄而言，老年演讲者因体力有限，手势幅度较小，精细入微；而中青年演讲者身强力壮，手势幅度较大，气魄雄伟。但初学者一定要注意：不要去追求那种千人一招、万人一式的模式化的体态动作。每个人都有自己的特点，突出自己的特点并美化定型就行。

（3）保持三个协调。

第一，手势与全身的协调。演讲者的手势从来不是单独进行的，它的一举一动总是和声音、姿态、表情等密切配合进行。演讲以讲为主，以演为辅，没有动作的演讲只能算讲话而已，但动作要和演讲者的体态协调才美。

第二，手势与口头语言的协调。手势的起落应和话音的出没是同时的、同步的，不可互为先后。如果话说出去了，手势还没有做，或话已讲完，手势还在继续，不仅失去了它的意义，而且也使听众感到滑稽可笑。

第三，手势与感情协调。演讲中感情激昂时手的幅度、力度可大，否则小一点，手势幅度和感情是成正比的。

（4）适宜、适量、简练。

一是与演讲内容相适宜。手势动作只有在与口语表达密切相配合时，其含义才最为生动具体。演讲者的手势必须随演讲的内容、自己的情感和现场气氛自然地表现出来，手势的部位、幅度、方向、力度都应与演讲的有声语言、面部表情、身体姿态相适宜，协调一致，切不可生搬硬套，勉强去凑手势。

二是手势的多少要适量，要不多不少。手势动作过多，一两句话一个动作就会显得轻挑作态、喧宾夺主，会使听众感到眼花缭乱，听众甚至会拿演讲者的动作寻开心。但是，如果演讲者在台上从头到尾都不运用手势，就会显得局促不安，就会失掉演讲的感染力和活力；演讲者的气质、风度也就无法体现出来，使听众不能深刻理解演讲的思想内容而感到枯燥无味。

三是手势动作要简单精练。体态语言毕竟是口语的辅助手段，使用时切忌过多过滥，毫无节制，而应尽量做到少而精。正像说得多不一定就表明语言能力强一样，体态语言表演过多，不一定能加强演讲效果。所以演讲中的手势动作应简练、得体，宁少勿多。演讲者每做一个手势，都要力求简单精练、清楚明了、干净利索、优美诱人，不可琐碎，不可拖泥带水。小动作、碎动作千万不要做，重复动作也不要多做。

第三节　服饰语言

俗语说："佛靠金装，人靠衣装。"一个演讲者，要想使听众接受自己的观点和主张，首先就必须引起听众对自己的尊重、爱戴和好感。要做到这一点，大方的仪表、适宜的服饰是一个不可忽视的因素。

一、演讲者服饰的基本要求

演讲对服饰的基本要求是：整洁大方，庄重朴素，轻便协调，色彩和谐。比如穿牛仔装显得潇洒、随和、热情。穿西服戴领带，显得举止庄重、沉稳。女性穿裙装，显得充满女性魅力。服饰搭配不当，不但会影响你表达的内容，还会破坏自己的形象。

二、演讲时服装搭配的原则

1. 服装与体态要协调

演讲者在考虑服饰仪表时，必须有整体美感，不可为个别部位的美而破坏了整体形象美。一是身材与打扮要互相协调，比如，一个身材丰满的人就不宜穿过紧的衣服，否则包得紧紧的，会叫人感到透不过气来；而瘦长的人穿横条的服装就可显得丰满些，矮胖的人穿竖条的服装可显得苗条些。二是服装要和体形、肤色相适应。比如体形肥胖的人，适合穿深色服装，这样看上去目标集中，会显得匀称些。体形瘦削的，适合穿浅色服装，这样看上去目标松散，会显得丰满些。皮肤白皙的人，穿深色、浅色的服装都可以；皮肤较黑的人，最好穿稍浅色的服装，但不宜穿黑色的服装。

2. 服饰与内容要协调

演讲者在不同的演讲会上，要根据其内容的不同决定服装的款式。演讲不是文艺演出，不是戏剧表演，演讲是一项高雅的高层次的社会活动。因此，演讲的服装有一个总的原则，那就是"三子"的原则：所谓"三子"就是：一要有领子，二要有袖子，三要有扣子。在此前提下力求使自己的服装与演讲主题和内容相协调。此外，服装的颜色要与演讲者的思想感情和演讲内容的特点协调一致。因为颜色给人的感觉是很敏感的，不同颜色所表达的不同寓意和象征作用，已经在人们思维中形成了较为牢固的观念。比如：深色给人深沉、庄重之感；浅色让人觉得清爽舒服，白色使人感到纯洁，蓝色使人感到恬静，红色、黄色则使人感到喜庆、愉快。如果演讲的内容是严肃、郑重的、或愤怒、哀痛的，穿深色衣服或黑色衣服比较合适。如果演讲的内容是欢快喜悦的，穿浅色的、鲜艳的衣服会更好些。

3. 服饰要与听众相协调

演讲者的服饰款式与色彩一定要注意与演讲的现场气氛相协调，与季节相符合，与广大听众的装束相协调。不可过于华丽时髦，那样会分散听众注意力，引起非议，破坏演讲气氛。比如：你穿的衣服太奢侈华美了，听众脑海里就可能会产生一层"阔少"或"贵妇人"的误会，讲好了还没有关系，若是讲得不好，有的听众也许会这样讥笑你："这家伙讲话不行，可穿得不错，很漂亮，可惜我们是来听演讲的，而不是来看时装表演的。"虽然不至于到这种程度，但起码会影响听众的注意力和精神。但如果演讲时服装过于随便也是不行的，一是对听众不尊重、不礼貌；二是听众可能会对演讲者产生一种不好的感觉。

4. 服饰与身份的协调

服饰对人体有扬美与遮丑的功能，它可以反映人的精神风貌、文化素质和审美观念。

演讲者的衣着应该典雅美观、整洁合身、庄重大方、色彩和谐、轻便协调。具体而言，要求做到外表整齐、干净、美观，风格高雅、稳健、感觉良好、行动方便，与自己性别、年龄、职业等协调，充分体现出自己的特点与神韵。比如：在校学生就不宜在演讲时身着高档的、名牌的服装；青少年演讲不要打扮得珠光宝气、艳丽夺目；上了年纪的人演讲服装就应该庄重典雅，而不能给人花枝招展、花里胡哨的感觉；男性演讲时服装不能过于随便和随意，女性演讲时不宜穿过于奇异精细、光彩夺目、袒胸露背的服饰，否则会引人瞠目和议论，影响演讲效果。

三、演讲时的服饰禁忌

以下演讲时的服饰禁忌也需注意：

（1）不要穿短裤、背心、短裙上台演讲。

（2）室内不要戴围巾演讲。

（3）不要戴项链、耳环演讲。

（4）一般情况下不要戴帽子演讲。

（5）不要戴有色或变色眼镜演讲。

（6）不要戴手套演讲。

（7）不能穿拖鞋、凉鞋上台演讲。

（8）不要背小挂包、背包上台演讲。

（9）上台演讲只能化淡妆，不能浓妆艳抹。

（10）女性不能披头散发，男性不能蓬头垢面。

第九章 常见的人际关系沟通方式

在日常的生活和工作中，我们需要和不同的人打交道，需要和不同关系的人进行交流和沟通。我们能否处理好不同的人际关系，不仅关乎我们个人的身心健康，还关乎我们的工作能否顺利进行和家庭能否和睦。因此，运用正确的沟通方式和不同关系的人进行沟通，达到最佳的沟通效果，显得尤为重要。

第一节 家庭沟通

家庭沟通就是家庭成员之间进行的信息交流的活动。

"家庭是由婚姻关系和有血缘关系的人组成的社会最小的单位。家庭成员之间的关系具有私人性和长久性的特点。从我们呱呱坠地的那一刻起，就开始与自己的家人有了密不可分的关系。家庭对我们每个人都有着极为重大的影响，一个人的思维方式、情感模式、人生态度、价值观念、品格精神等都受到家庭环境的严重影响。因此，家庭成员间的沟通方式、沟通效果不仅直接关系到家庭的和谐和稳定，对每一个家庭成员的生活、工作和身心健康都有着十分重要的影响。

一、家庭沟通的基本原则

家庭成员间的关系虽说是很亲密的关系，但家庭成员间的沟通也要遵守一些基本原则，否则也会影响沟通的效果。

1. 保持合理的心理界限

界限大致可分两类：外在的身体或空间界限，以及内在的心理界限。这里所说的界限指的是心理界限。家庭成员间虽说关系都很亲密，但也需要保持合理的心理界限。因为每个人都是一个独立、完整的生命个体，都有自己的思想、习惯、个性、爱好等，没有心理界限，往往会将自己的意见和想法强加于其他家庭成员，造成对方的反感，甚至造成家庭矛盾，影响家庭关系的和谐。

【案例9-1】

小李刚买完新房结了婚，本来小两口想两个人过小日子，可是小李的妈妈非要搬过来和他们一起住。小李妈妈刚住进来不到一个月就和儿媳妇吵得不可开交。

小李妈妈非常疼爱儿子，舍不得儿子干家务活儿，什么活都替儿子干好。可是，儿媳妇不一样。儿媳妇上班很辛苦，经常下班回来就坐在那里休息，还让小李帮忙端茶倒水，还经常让小李帮自己晾晒衣服、收衣服，这下小李妈妈不高兴了：儿子宝贝得很，自己都舍不得让他干一点儿活儿，你却什么都让他干！于是，小李妈妈气不过，就开始指责儿媳妇懒惰，两个人就吵了起来。

婆媳关系是比较敏感的一种人际关系。婆媳之间虽说是家人，但是没有血缘关系，两人原本是生活在两个不同的家庭，有着不同的习惯和行为处事方式，成了一家人在一起生活，一定要特别注意保持合理的心理界限。小李妈妈爱护儿子，认为别人都要像自己一样去疼爱自己的儿子，可是，在小李妻子的眼里，让小李帮忙做家务、照顾自己，也是小李做丈夫应该做的事儿。并且，小李自己也愿意为妻子做这些事儿。小李妈妈将自己的要求强加于儿媳妇身上，对儿媳妇进行指责，成为破坏婆媳关系的导火索。

2. 相互尊重

亲人之间亲密无间，但也应相互尊重。每个人都有被尊重的需要，尊重也是爱的一种体现。父母子女之间、兄弟姐妹之间、夫妻之间都要尊重对方，不要互相贬损、粗暴相待。不少人认为，亲人之间"低头不见抬头见""不管我说多么难听的话亲人都不会生气计较的""打是亲、骂是爱"等，不用讲什么尊重人格。因此，父母粗暴地对待儿女，哥哥姐姐随意地污辱弟弟妹妹，夫妻之间口无遮拦的对骂成了家常便饭。殊不知，正是在这看似平常的小事儿，正在逐渐地摧残亲人间的亲情。爱他就要尊敬他。亲人之间有爱，就需要尊重彼此的人格，尊重对方的想法和意愿，如此方能父慈子孝、兄宽弟忍、夫妻和睦。

3. 相互信任

人类最高尚的情感就是爱，爱是情感交流最好的礼物；爱的最好证明就是信任，信任是开启心扉的钥匙。没有信任，就没有爱。信任是维系感情的纽带。特别是亲情，维护好信任，可以相伴一生；失去信任，会毁掉亲情。

亲情必须建立在相互信任、相互尊重、相互了解的基础上。任何家庭，不管它构筑得多么富丽堂皇，如果彼此之间缺乏信任感，这座大厦便会因基础不牢固而处于摇摇欲坠的危险状态之中。因此，一个幸福美满的家庭，家庭成员之间彼此信任，这是非常重要的。

然而在现实生活中，有很多家庭不幸福，最重要的不是缺少金钱，而是缺少爱心，缺少信任。从而缺少尊重，缺少沟通，从而导致家庭生活缺乏道德，就会老无爱心，少无孝心，夫妻不睦，不知足不感恩，造成家庭矛盾甚至是家庭破裂。

4. 理解与包容

爱是理解与包容，亲人间更需要体谅。对待家人，要懂得换位思考，理解家人。

人生在世，没有哪一个人的生活是容易的，哪怕是还未进入社会的孩子。对待家人，要学会理解家人的不容易。夫妻间互相理解，父母理解孩子的辛苦，孩子也要理解父母的不易。

理解不是完全一致，而是我们虽然观点不同，但我支持你的决定。父母需理解孩子真正的需要，不要将自己的想法强加到孩子身上。孩子要理解父母的不容易，不要苛责嫌弃父母。夫妻间也要彼此理解，别总从自身出发做决定，也要考虑对方的感受和想法。

二、家庭成员间的沟通技巧

（一）父母如何与儿女沟通

1. 多给孩子赞美和鼓励

"金无足赤，人无完人。"家长对孩子要多多欣赏优点，尽量地包容缺点，要知道世界上没有完美的孩子，再完美的孩子都有自己的缺点。父母要暗示自己：我有这样一个可爱的孩子，我们要一起成长，我们要一起面对很多问题，我们会比别人生活得更幸福、更有乐趣。现在孩子因为有我这样的家长而骄傲，将来我会因为有这样的孩子而自豪。多告诉孩子"你最棒"，多给孩子欣赏和鼓励，因为父母的欣赏和鼓励是孩子自信心的重要来源。

2. 沟通时持亲切、尊重的态度

现代的孩子崇尚个性，喜欢自我表现。因此，他们说话做事时常令人难以接受。但无论孩子给你的刺激有多大，作为父母，你最好保持平静。在与孩子说话时，你所表现出的尊重和自我控制最终有一天会出现在孩子与他人交流的过程中。

在与孩子交谈的时候，如何说话与说什么同样重要。简单命令式的、挖苦讽刺式的、情绪发泄式的话语只会伤害孩子的感情，而于事无补。父母要学会以尊重的态度、平静的语气对孩子说话，因为，即使一个四五岁的孩子也能轻易地区别不同的态度、情绪和语调。

尊重还体现在父母与孩子进行有深度的交流沟通方面。孩子的社会意识和对事物的理解力在不断增强，他们赞赏有思想的、有深度的交流。因为这样的交流使他们感到自己被父母视为平等的伙伴，能激发他们的自尊感。父母完全可以就广泛的主题，如社会问题、和平、环境治理、创造发明等与孩子展开讨论，而不要使沟通仅仅局限在孩子的学习和日常生活上，那只会使孩子逐渐丧失与父母沟通的兴趣。

3. 沟通是保持平和，避免过度反应

对孩子言行的反应过于激烈往往导致争吵，使沟通无法继续。为了使沟通保持友好的气氛，父母绝对不要带着焦虑和情绪与孩子交谈；同时，为了体现尊重，避免引起反感，父母在提问题时，最好以商量的、平和的语气进行，如"你这样做是怎么想的？""让我们谈谈好吗？"

父母要努力成为孩子愿意倾吐秘密的对象，成为对孩子的事情感兴趣的人。只有这样，孩子才乐意向他们敞开心扉。比如，你的孩子告诉你今天班里某同学怎么了，如果你表现得很过于激动或者对事情的结果根本不感兴趣，孩子以后就不会再对你说什么了。

父母要认识到，孩子最希望得到父母的肯定、鼓励和奖赏。如果孩子和父母谈话时受到批评，他会感到自己的坦率得到的不是奖励而是惩罚，这将伤害他继续与父母直接交流的积极性。

4. 要学会倾听

与孩子沟通需要谈自己的意见，但更需要耐心地倾听孩子的想法。倾听意味着避免打

断孩子的话、集中精力于交流的过程。为了便于做到这一点，沟通最好在安静的地方进行，排除可能使人分心的干扰。如果你正忙于做晚饭或看喜欢的电视节目，要做到认真倾听是很困难的。做一个耐心的倾听者能使你了解孩子的问题和观点，有助于澄清事实，避免对孩子的误解。经常倾听孩子的声音，你会发现，尽管你没有对孩子提出许多要求和建议，你的孩子却更多地向你提出问题。这是因为，善于倾听的父母才有可能成为孩子的知心朋友。

5. 不要总是摆大道理，沟通的问题要具体化

家长有一种习惯就是容易语重心长，但是说出的话却又特别空洞。比如"你可得努力学习"，这种语言表达在今天对孩子的教育是无效的，也是无益的。因为这些话缺乏明显的可操作性，作为孩子基本把握不住，反倒容易造成孩子心理上的紧张焦虑。积极的方式是要以一种具体的问话，通过鼓励的方式渐进式地与孩子沟通，这样就比较容易调动孩子的积极性，而且能够把握住孩子思考、行动的方向。

6. 不要替孩子做主，多提参考建议

有时父母提出的意见即使很好，孩子们也不喜欢，因为他们需要的不是"指导员"，而是顾问——不是插手来干预他们的事情，而是向他们提出建议。要是孩子把事情搞砸了，不宜直接干预、批评。

7. 尊重孩子的自由空间

孩子到了一定年龄，有了一定的自主意识，渴望有自己的空间，渴望自己的生活能够自由掌控，不像小时候那样，自己的生活完全由父母来控制。因此，孩子到了青春期之后，父母就不要擅自进入他们的房间，更不要偷看孩子的日记或是聊天记录，不要让他们觉得只有跑到外面才会有自由的空间，这样容易造成父母与孩子之间的隔阂。

当代的青少年越来越渴求有自己的私生活，他们往往变得喜欢独处，甚至与父母有些疏远。有些父母被十几岁的孩子避开或推开会感到很难过，其实这是青春期子女正常的表现，父母能做的就是尊重孩子的自由空间需求，在孩子需要的时候给予安慰、支持、建议和帮助。

（二）子女如何与父母沟通

1. 要有子女应有的态度，尊重父母

我们跟父母沟通时，首先必须要让父母感觉到我们对他们的尊重和孝顺，这样话题才好展开。即使谈话时他们的意见有错也不要公开顶撞，而要用温和、委婉的方式表明自己的看法，使他们在得到尊重和心理满足的同时，平心静气地分析并最终愉快地接受自己的意见。

2. 多倾听

父母给的建议或者引导都是为了子女好，没有任何的恶意。可能当时跟子女的理念不合，或者跟子女的追求不符，子女没必要当面跟他们争吵，可稍微陈述一下自己的理念，让父母听听子女的想法。如果他们不认同，他们会给出理由。子女要将他们的理由记下来，然后好好思考。毕竟那是几十年经验的积淀。

3. 多赞美鼓励父母

赞美父母，在赞美中增进亲情。父母对我们恩深似海，值得我们赞美。赞美父母对我们的爱，他们会感到甜；赞美父母当年之勇，他们更开心。要学会真诚、得体地赞美父母，这是增进亲情的有效方法。

子女要做到的最重要的就是交流，尤其是劝解和鼓励。有一类父母的特点是缺乏信心，一直感觉自己什么也做不好，子女在热情鼓励父母的同时，要给父母具体分析问题的症结所在，切忌没有耐心、敷衍塞责，因为此类父母多数比较敏感，子女的消极应对会让他们进一步沮丧忧郁。

4. 多表达爱意，少忽视亲情

爱需要表达，对父母的爱也需要表达。子女要大胆真诚地表达对父母的爱，可以经常给父母打打电话，和父母聊聊天，给父母准备生日礼物，带父母出去游玩等。

子女工作再忙也要多回家看看父母。其实，他们需要的不是多少钱，多么好的生活，而是儿女的陪伴。哪怕不说话，只是看看孩子们，父母就会感到满足。每周打一个电话，随便讲讲什么，问问现状，说说自己的生活，也能让他们放心。

父母年纪大了，要多照顾父母，别让他们太孤独。在父母身体不适、遇到困难等需要帮助的时候，要第一时间来到他们身边。

5. 多理解父母

没有理解的沟通是不会取得良好效果的。因此，理解父母，是与父母平等沟通的前提和基础。子女要理解父母对自己的关心和爱护，体谅父母为自己成长付出的辛劳，多站在父母的角度上考虑问题，天下父母都爱自己的子女，对子女的"唠叨"正是对子女疼爱的表现，作为子女要多体谅他们方式上的不当。

6. 接纳父母的不完美

当我们长大成人后，我们需要抛弃儿童时期对父母的期待，抛弃"要求我们的父母是完美的"的心态。因为那是非常不切实际的。每个人都是不完美的，都会有各种缺点，也都会做错事。同样，我们的父母也不是完美的，不能总用完美去要求我们的父母。

他们都说错过话，也做错过事。身为儿女的我们必须尝试去了解并且接纳。当我们了解我们的父母是不完美的时候，我们对他们就能有更多的爱与宽容，而不会在心里面累积愤怒和怨恨。

（三）夫妻之间如何沟通

爱人，是我们情感世界中不可缺少的一部分，是对方给予我们幸福，在我们困难的时候鼓励我们，快乐的时候和我们分享，悲伤的时候和我们一起分担。我们每个人也都希望自己的感情和谐、美好，这就需我们掌握一定的沟通技巧。

1. 理解对方

"男人来自火星，女人来自金星。"男女生来思考问题的方式和角度就会存在差异，所以夫妻在生活中，想要克服沟通障碍，就一定要记得理解对方。换位思考会让你在很多时候想通对方为什么会这么做。夫妻之间如果不相互理解包容，那么争吵必然是会发生的。

2. 给对方一定的信任和空间，不要猜疑

夫妻最忌讳的就是不信任，相互猜疑，这样会让对方活在胆战心惊中。无论男女，谁都不愿意成为那个让人怀疑的对象，一定要对对方充满信任感，只有对对方充满信任，才能让对方更有信心面对以后的生活。

每个人都有自己的私人空间，也都有自己隐藏的秘密。有很多人在恋爱和结婚后要求对方要无条件地袒露自己，这是很大的误区。因为这样只会让伴侣觉得有压迫感，跟你在一起会感到有压力。

3. 多倾听对方

夫妻沟通时，"会说，也要听"，这是积极的倾听技巧。倾听，需要耐心与全神贯注。在爱的关系中，只有打开自己，才能好好地倾听对方。夫妻沟通，"说"什么固然重要，但是能够"听到"及"听懂"对方才是关系建立的关键。

4. 爱要表达出来

很多夫妻都理所当然地认为："他（她）应该知道我对他（她）的爱啊！他（她）应该知道我在想他（她）啊！他（她）应该能够感觉到我感激他（她）为我做的一切啊！"可结果是这些"应该"他（她）都没有感觉到。夫妻本就是来自不同家庭环境，对一些事情的看法都带有原生家庭的痕迹；而且男女的差异更是让彼此不可能都想到一块去。所以感激或者爱都不是感觉到的，而是需要一方清楚地表达出来。很多时候你表达的内容对方都未必理解，更何况是你放在心里不说呢？所以夫妻之间沟通非常重要的一点就是要表达自己对对方的爱和感激。

5. 敢于承担自己的责任

对于夫妻来说，当一个问题出现、特别是已经演化到比较严重的程度的时候，责任极少全来自其中一方。有时夫妻沟通僵持不下，迟迟得不出一个结果，就是因为两人陷入了"到底是你错还是我错"的逻辑当中。

实际上，夫妻真正应该做的，不是找到罪魁祸首，而是找到事件中自己的那一部分责任。先反省自己，然后勇于去承认和表态，这样才有助于双方共同去解决和消化问题。

6. 没有必要吵架时非要占上风

很多夫妻在遇到争论的时候，非要辩个对错或者论个输赢。可是爱情争吵的过程中并没有赢家。在争输赢的过程中，其实大家都是败者，因为忘记了最初沟通的目的，也没有达到预期的沟通效果。而且生活中的事情很多都是无法解决、没有对错的。所以遇到意见不合跟伴侣说几句绵绵情话，想想双赢的解决方法比无休止的争论对错输赢要好。家庭不是法庭，夫妻之间也不是律师和法官，家是讲情的地方，不是争输赢的地方。

7. 对伴侣的期望要切合实际

不要奢望这个世界上有十全十美的伴侣，要学会去接纳伴侣原本的样子，而不是在自己的想象中去构建一个完美的他（她）。因为只有接纳真实的对方，才能切合实际情况，才能真正地解决问题，而不是活在自己想象的虚拟生活中。

8. 不要用感情威胁对方

沟通当中最重要的一点是就事论事，不要进行人身攻击，不用撂狠话，更不要用感情威胁对方。用感情威胁对方通常有两种做法，第一种是威胁对方如果再不服软就会对两人的感情造成伤害，常用的句式有"你这样做真的非常不好，你再这样我真不会爱你了"或者"我要跟你离婚"。另一种威胁更为狡猾，就是表明如果对方不服软就说明对方不是真的爱自己。惯用的句式有"我就知道你不爱我了"或者"你这么对我只能说明你不够爱我"。无论是以上哪种方式，都是在用非正常的方式阻止对话，好像因为有感情，就不能讲道理了。

9. 别拿对方的缺点说事儿

还有些人不偷换概念，但是他们擅长"反咬一口"。举个例子，妻子对丈夫说："说好下班你去接孩子，你怎么给忘了呀？"丈夫愤怒地反驳道："你还好意思说我，上个月有个星期五，你还不是也给忘了，最后还是老师给你打电话你才想起来的！"

夫妻双方都会有做错事的时候，如果因为自己犯过此类错误，就再无权利就此问题与对方沟通，那么两人只能坐等被问题吞噬干净了。

10. 不要冷战，要及时沟通

夫妻间最怕的就是冷战，一定不要让静默来代替两人的生活，这样只能让生活变得更加枯燥无味。有什么问题一定要敞开心扉，畅所欲言，及时沟通，这样才能让矛盾降到最小化，避免更恶劣的事情发生。有些夫妻冷着冷着就分了，因为不愿意向对方述说，不愿意排解内心的烦忧，就可能在外面有了倾诉对象，两人的距离就会越来越远，慢慢消失在对方的视线里。

11. 夫妻之间的事两人自己解决

夫妻之间沟通非常忌讳把"长辈"请出来。不要用自己长辈的行为或者观念来压制对方，比如在沟通过程中动不动就提到"我妈说了"或者"从小我妈就是这么教育我的"。夫妻间应当尊重双方的想法，尊重事实，不要动不动就拿长辈或者权威来压迫对方。也不要总说"我妈都没这么管过我，你管得着吗"这类的话。夫妻之间有相互扶持和管理的义务。

12. 就事论事

夫妻之间切忌在吵架或是有矛盾时将一些事情扯到一块，这样只会让对方觉得你不可理喻。两个人因为哪件事情产生矛盾，就只拿这件事情来进行沟通交流，不要把所有的事情都归为对方的缺点所致，这样只会让矛盾升级。

幸福的婚姻生活是需要两个人共同去经营创造的，而不是一个人的事情，所以在婚姻生活中一定要记得注意理解对方，体贴对方，善用沟通技巧，这样才能克服你们的沟通障碍，创造你们的幸福生活。

第二节　求职应聘时的沟通

一、求职面试的沟通技巧

1. 做好交谈前的准备

应聘者要事先把自己要告诉对方的内容整理好，以便用简练的语言把自己的意图有条理地传达给对方。还要考虑好如何回答对方可能向自己提出的问题，也要准备好如何向对方发问。

2. 认真聆听对方的问题

面试官提问时要注意认真聆听，适当点头示意或提问，回答问题时要口齿清晰，音量适中，语言简练，意思明确。切忌打断面试官的问话，或者跟面试官在某一问题上发生争执，如果意见不统一可保持沉默，切记不要急躁地与对方辩解，这样既浪费时间又浪费情绪。对于某些自己不知道的问题，可以如实回答，不要胡侃乱诌。面试官提出你不愿回答的问题时，也不要表现得不耐烦，应保持自己应有的风度。

3. 在语言的表达上，要做到准确、精练、平易、生动

要准确。要掌握答题的思维技巧，遣词造句要能准确表情达意，如实反映自己的思想。切忌故弄玄虚、华而不实和生造词语。

要精练。简洁洗练，要言不烦，言简意赅，适当运用成语、谚语和简短明快的短句。力戒空话套话、口头禅和重复累赘之语。

要平易。面试答题应尽量通俗易懂，多用口语化的语言和明快的短句，多用自己的语言。

要生动。要掌握语言技巧，不能用呆板的念稿子似的语调来回答问题，那样只会降低吸引力。应吐字清晰，嗓音响亮悦耳，圆润柔和，富有情感。要注意语调，说话时应掌握语法重音和逻辑重音，根据语义、语法及思想感情表达的需要而使语音显出高低、抑扬、快慢、轻重和停顿等变化。

不要害怕大声说话，如果声音太小，只会让人觉得你信心不足，无法引起别人的重视。不要吐字不清，发音颤抖，口头禅过多。

4. 在行为举止上，要尽量做到神情自若，优雅大方

由于面试的时间有限，得体的体态语言会给面试官留下深刻的第一印象，是面试走向成功的良好开端。相反，如果体态语言笨拙，由于"晕轮效应"的作用，要想在有限的时间内通过精彩的答题来弥补和扭转不良印象，难度可想而知。那么，如何运用好体态语言呢？

一是要注意表情，以笑达意，以眼传神。适时的微笑能够融洽应聘者与面试官之间的关系，缩短彼此的心理距离，给人以美感，表达出愉悦的情绪体验和积极的心境。

二是要注意行为语言，坐姿要端正，举止要得体。坐立行走时要挺直脊梁。坐下后要两腿自然靠拢，给人以精神振奋的感觉。手的摆放要自然，在讲话时可以适当地添加一些辅助的手势，以吸引别人的注意，并起到强调的作用，但切不可手舞足蹈、摇头晃脑、抖腿、架二郎腿等动作，否则会给人行为浮夸的错觉。

三是要特别注意递送资料或物品的动作。递送物品给面试官的时候，不要单手递给对方，而要用双手递奉，将资料封面朝上、文字方向朝向对方，这样的方式会显得应聘者更礼貌、更周到。

四是面试过程中要避免过多的小动作。有人喜欢边说话边抠手指头，一会儿摸摸衣角，一会儿撩撩头发等，这些频繁的小动作会显得自己有些紧张、焦虑，感觉不够稳重。另外，还要避免一些粗鲁的小动作，比如当众掏耳朵、伸懒腰、擦鼻子、用力清喉咙等，这些平时觉得没什么大碍的小动作其实是非常失礼的行为。

5. 在服饰仪表上，要衣冠整洁，头发、胡须要整理干净

外表在很大程度上决定着人的第一印象，着装应依据整洁、新颖、协调的原则，注意职业特点和面试考场环境。着装要符合自己的气质，并能弥补性格的缺陷；根据人的审美通感的需要，着装上的冷暖色调与应试者性格的刚柔特色中和；要通过合适的服饰打扮来扬长避短，如体形胖者穿衣颜色宜深，产生紧缩和匀称感，瘦者则应相反。此外，还要符合性别和年龄特征。

面试失败者的穿戴常常不合时宜。男士西装笔挺，却不打领带，脚蹬跑鞋，或一身休闲装；女士则可能身着短裙，脚下是一双起码 5 cm 的高跟鞋。也许，他们认为自己这样"靓丽不俗"，却不明白，这一身穿着无异于在公共场面自我"曝光"。

一位面试官评论某位应聘的女士时说："某小姐的着装，让我们很难接受她。她美丽活泼，衣着奇特，我认为她应该做演员或模特儿，而不适合在我们这儿整理文件。"这位女士认为这样着装能表现她自己，却忘了面试者的服装的标准是：协调中显示着人的气质与风度，稳重中表达着人的可信赖的程度；独特中言说着人的个性。

6. 保持镇定，随机应变

在考场上，可能随时会有你意料之外的事情发生，比如面试官提的问题是你之前没有想到的，也可能是看起来和应聘岗位毫无关联的问题。碰到这些意外情况，解决的唯一办法就是做好调整心态，保持镇定，方能在现场积极拓展思路，随机应变。

二、求职面试中常见问题的回答技巧

在面试过程中，应聘者对面试官所提出问题的回答，往往是决定此应聘者去留的重要依据。如果你真的"老老实实"地应对面试官的发问，而忽略了面试的规律和回答问题的思维方式，恐怕会直接影响你在面试官心中留下的印象。即使你足够优秀，但在表达上欠了火候，结果可能也不会如你所愿。所以，学会分析面试官发问的真正目的，并且做出合理及全面的回答，可以成为通过面试的重要砝码。

问题一:"请你自我介绍一下。"

这个问题是面试过程中最普遍的"开场白",很多人在介绍自己时习惯"背简历",虽然这并不是错误的做法,但如果你参加的是群体面试,像白开水一样的自我介绍显然会使你淹没在茫茫应聘者中。不如把个人介绍的内容进行重新组合,或者花些心思在叙述中增添亮点,就可以给面试官留下"与众不同"的印象。

回答问题对策:

(1)涉及简历内容的自我介绍,内容一定要与个人简历相一致。

(2)表述方式上要口语化,语言精练,通俗易懂。

(3)要切中要害,不谈无关、无用的内容。

(4)条理要清晰,层次要分明。

(5)形式可以轻松活泼一些,这样会让人感觉亲切,让人印象深刻。

问题二:"你为什么选择我们公司?"

有些面试者在回答这个问题的时候,多是从个人角度展开话题,比如"希望有更好的发展空间""希望得到锻炼的机会""希望有能得到更好的待遇"等。但事实上,面试官是想知道你的面试动机和公司招聘岗位的目的是否一致。也就是说,面试官更关注你来到公司后能给公司带来什么,而非公司能给你带来什么。

回答问题对策:

(1)面试官试图从中了解你求职的动机、愿望以及对此项工作的态度。

(2)建议从行业、企业和岗位这三个角度来回答。

问题三:"你能为我们做什么?"

这个问题与上面的问题可以归属同一个类型,只不过问得更为直接。作为应聘者,之前做好"功课"是必须的,比如了解公司的概况、产品、服务,以及你所应聘的岗位要求,然后充分结合所应聘公司的要求展开话题即可。

回答问题对策:

(1)基本原则上"投其所好"。

(2)招聘单位一般会录用这样的应聘者:基本符合条件、对这份工作感兴趣、有足够的兴趣。

(3)回答这个问题前应聘者最好能"先发制人",了解招聘单位期待这个职位所能发挥的作用。

(4)应聘者可以根据自己的了解,结合自己在专业领域的优势来回答这个问题。

问题四:"你是应届毕业生,缺乏经验,如何能胜任这项工作?"

这个问题大概是最让应届毕业生头痛的问题之一。没有工作经验,在与有工作经验的应聘者共同竞争时,似乎就没了底气。难道所有的公司都不会聘用应届毕业生吗?并非如此。首先应聘者要明白的是,既然有机会来到面试现场,就说明此招聘公司是会聘用应届毕业生的;作为应聘者,并没有高低贵贱之分,大家都在同样的起跑线上,只要自己发挥足够出色,就能够赢得面试官的信任和期待。

回答问题对策:

(1)如果招聘单位对你提出这个问题,说明招聘单位并不真正在乎"经验",关键看你怎样回答。

（2）对这个问题的回答最好要体现出你的诚恳、机智、果敢及敬业。

问题五："你在前一家公司的离职原因是什么？"

对有工作经验的应聘者来说，这是比较"敏感"的话题，如果离职原因不是出在原公司上，应聘者在回答此类问题时就会比较容易暴露出个人问题，进而引起面试官的警觉，甚至会因此使你失去进入下一面试环节的机会。需要记住的是：同一个面试问题并非只有一个答案，而同一个答案并不是在任何面试场合都有效，关键在于你在掌握规律后，对面试的具体情况进行把握，有意识地揣摩面试官提出问题时的心理和目的，然后有针对性地进行回答。

回答问题对策：

（1）最重要的是：你要使招聘单位相信，在过往的单位的"离职原因"在此家招聘单位里不会再出现。

（2）避免把"离职原因"说得太详细、太具体。

（3）最好别掺杂主观的负面感受，如"太辛苦""人际关系复杂""管理太混乱""公司不重视人才"等。

问题六："对这项工作，你有哪些可预见的困难？"

面试官问这个问题时的真正意图并不在于让你指出可预见的困难究竟是哪些；而是想知道当你面对困难时的态度是如何的。回答问题要点：

（1）不宜直接说出具体的困难，否则可能令对方怀疑你能力不行。

（2）可以尝试迂回战术，说出面对困难所持有的态度："工作中出现一些困难是正常的，也是难免的，但是只要有坚忍不拔的毅力、良好的合作精神以及事前周密而充分的准备，任何困难都是可以克服的。"

问题七："谈谈你的缺点。"

这是一个相对"危险"的问题，但如果能回答好，就可以"化险为夷"。如果应聘者回答没有缺点，会有故意掩盖缺点的"不诚实"之嫌；如果应聘者把缺点说得过多过细，只会令面试官大惊失色，应聘者的工作机会也就跟着飞走了。

回答问题对策：

（1）不宜说自己没缺点。

（2）不宜把那些明显的优点说成缺点。

（3）不宜说出严重影响所应聘工作的缺点。

（4）不宜说出令人不放心、不舒服的缺点。

（5）可以说出一些对于所应聘工作"无关紧要"的缺点，甚至是一些表面上看是缺点，从工作的角度看却是优点的缺点。

问题八："说说你的某一次失败经历。"

谁都有过失败的经历，面试官提出这个问题的目的并不是让你诉说失败故事，而是看你在面对失败时所采取的做法以及所持的态度。在失败案例的选择上，千万不要选择与所应聘的工作相关的内容，否则结果只能是"自毁前程"。

回答问题对策：

（1）不宜说自己没有失败的经历。

（2）不宜把那些明显的成功说成是失败。

（3）不宜说出严重影响所应聘工作的失败经历。
（4）宜说明失败之前自己曾信心百倍、尽心尽力。
（5）说明仅仅是由于外在客观原因导致失败。
（6）失败后自己很快振作起来，以更加饱满的热情面对以后的工作。

问题九："如果我录用你，你将怎样开展工作？"

不要不经思索上来就"大展宏图"，毕竟你对你的工作职责和工作内容了解不够多。否则不仅实现的可能性令人质疑，还会让面试官觉得你是个做事没有计划性的鲁莽之人。不如从处事态度入手来谈你的想法，至少不会出什么大问题。

回答问题对策：

（1）如果你对于应聘的职位缺乏足够的了解，最好不要直接说出自己开展工作的具体办法。

（2）可以尝试采用迂回战术来回答，如"首先听取领导的指示和要求，然后就有关情况进行了解和熟悉，接下来制订一份近期的工作计划并报领导批准，最后根据计划开展工作。"

问题十："你想得到的薪水是多少？"

这是一个两难的问题。如果你对薪酬的要求太低，那显然贬低了自己的能力；如果你对薪酬的要求太高，那又会显得你自以为分量很重，公司"受用"不起。

回答问题对策：

（1）在商谈薪酬之前，你应该已经调查、了解了自己所从事工作的合理的市场价格。在与对方商谈时，不妨尽可能插入"合理的市场价格"等专用术语，以此表示你是个有心人。商谈时降低原来的开价轻而易举，但一旦开出低价后想再提上去就难乎其难。所以，商谈薪酬之前的准备是完全必要的。

（2）你可以说："我对工资没有硬性要求，工资也不是一成不变的东西，我相信贵公司在这个问题上会处理得合情合理。我注重的是工作机会，所以只要条件公平，我通常不会计较太多。"

（3）如果你期望更高的薪水，你不妨阐明你将会怎么做、会给公司带来什么收益，以证明你对公司的价值，表明你要求更高报酬是以你的工作表现为前提的。

（4）在你未得到肯定能够获得此工作的答复之前，不要使招聘者排除对你的考虑。你可以问个封闭性的问题："你们决定雇用我了吗？"如果答案是肯定的，报酬却使你不愿接受。即使拒绝对方也要为协商留有余地。如果雇主需要你，他会乐于满足你的要求。一旦你直接说"不"，就再没有回旋的余地了。

第三节　职场中的沟通

当我们进入职场后，每天都需要和不同的人打交道，想要在竞争激烈的职场中获得一席之地，就必须学会和不同的人沟通，掌握一些沟通技巧。

一、如何与上司沟通

在职场上学会如何与上级领导打交道是很必要的，如果在与上级领导相处过程中出现问题，很有可能对自身的发展有一定的影响，良好的沟通技巧可以让你在职场上越战越勇。

1. 坦诚相待，主动沟通

定期计划，按时报告，这是作为下级最基本的工作行为标准。不管你的上司有无能力，你都必须给他尊重，并即时反馈你工作进展的情况，让他即时掌握你的最新状况。不要老让上司来督促你的工作进度，承诺的任务一定要如期完成，完成不了一定要主动告知，并主动设定一个可做到的期限。

与上级沟通时，如果在工作上出现问题或者对一些事情抱有自己的想法，可以主动与上级沟通，不要刻意隐瞒。有些刚入职场的人迫于环境的压力，不敢向领导表露自己的想法和意见从而错失机会，其实很多时候敢于说出自己的想法会得到领导的赞赏。

2. 选择适当的场合和时机

与领导沟通的时候一定要选择适当的场合和时机，不要选择领导心情不好或者工作繁忙的时候与之沟通，这样领导不但没有心思听你讲话，而且还会感到烦躁，所以应该选择领导心情好、工作比较顺利、时间比较宽裕的时候再进行沟通。

3. 请示而不依赖

一般说来，部门主管在自己职权范围内大胆负责、开展创造性工作，是值得倡导的，也是为上司所欢迎的。该请示汇报的必须请示汇报，但决不要依赖、等待。

4. 主动而不越权

对工作要积极主动，敢于直言，善于提出自己的意见。不能唯唯诺诺，四平八稳。当然，下属的积极主动、大胆负责是有条件的，要有利于维护上司的权威，维护团体内部的团结，在某些工作上不能擅自超越自己的职权。

5. 说话简明扼要，重点突出

要学会揣摩上司的性格是属于哪种，不同的性格会使沟通的方式发生变化，与上司交谈时要简单明了。对于上司最关心的问题要重点突出、言简意赅。

6. 面带微笑，充满自信

在与人交谈的时候，一个人的语言和肢体语言所传达的信息各占50%。一个人若是对自己的计划和建议充满信心，那么他无论面对的是谁，都会表情自然；反之，如果他对自己的提议缺乏必要的信心，也会在言谈举止上有所流露。

7. 上司传唤时责无旁贷

"我马上处理。"冷静、迅速地做出这样的回答，会令上司直觉地认为你是名有效率、听话的好部属；相反，犹豫不决的态度只会惹得责任本就繁重的上司不快。

8. 面对批评要表现冷静

不要将不满的情绪写在脸上，但是却应该让批评你工作成果的人知道，你已接收到他传递的信息。不卑不亢的表现令你看起来更有自信、更值得人敬重,让人知道你并非一个刚愎自用或是经不起挫折的人。

9. 尊敬上司,勿伤上司自尊

上级领导是领导你的人,即使在平常生活中两个人是好朋友,在工作中也要叫职务。在饭局茶局上,不应该自己坐主宾位。跟领导说话时要注重自己的语气,不能盛气凌人,最好采取委婉的语气。

10. 要注意与上司保持合适的距离

上司在工作方面是不愿意和下属之间距离太近的,他担心私人感情会干扰工作关系,担心个人情况会被下属了解过多。既然如此,作为下属,就要和上司保持合理的距离。下属可以和上司在工作上、感情上保持很近的距离,但是对他的工作方式、个人习惯、生活作风等不要过问太多,下属和上司私人之间的关系,在公开场合最好闭口不谈。

上司当然愿意和下属建立良好的工作关系甚至是朋友关系,但是他也会保持相当限度的尊严和威信,这一点是任何人都不得触犯的。下属可以和上司有私交,但如果下属和上司称兄道弟,就已经开始触犯他的尊严和威信了。

二、如何与下属沟通

1. 平和心态,重视并尊重员工

管理者要清楚,自己与员工在人格、人权方面都是平等的,只是工作职责、职位不同,所以在沟通前要心态平和,谈话中要注意员工的心理感受及变化,尊重员工的人格、权利,要站在员工的角度去想员工所想的问题,而不是摆出"架子"去命令、肆无忌惮地去批评,这样只会适得其反,导致沟通的失败。

2. 沟通时要把握好个人情绪

在进行批评或指出下属工作失误或不足的沟通中,要避免情绪化。即使员工做错事情,也不要在沟通时带有情绪。这时员工需要的是上级的安慰、鼓励与支持,帮他找到解决的方法。所以在沟通中言辞要尽量委婉,语气平和,要顾及下属的感受,帮助下属完成工作的改进。对员工进行表扬或认可、鼓励性沟通时,要表现积极,让员工体会到上司为他的优秀表现而欣慰,让他们感受到上司很重视他们的成长。

3. 多激励少斥责

每个人的内心都有自己渴望的"评价",希望别人能了解,并给予赞美。身为领导者,应适时地给予鼓励、慰勉,认可褒扬下属的某些能力。积极的激励和消极的斥责带给你的下属的是完全不同的感受,也会产生完全不一样的结果。每个人的内心都希望别人能够了解并给予正面的评价。给予下属鼓励和赞美能够让下属的心理得到安慰,减少他们的挫败感,有助于引导他们在比较愉悦的情绪中接受你的意见,引导他们更加卖力地工作。

对于下级工作中出现的不足或者是失误,不要直言训斥,要同你的下级共同分析失误的根本原因,找出改进的方法和措施,并鼓励他一定会做得更好。要知道斥责会使下属产生逆反心理,而且很难平复,对以后的工作会带来隐患。

4. 放下架子站在下属的角度考虑问题

俗话说,设身处地,将心比心,人同此心,心同此理。作为领导,在处理许多问题时,都要换位思考。比如说服下属,有些时候并不是没把道理讲清楚,而是由于领导者不替对方着想。如果换个位置,领导者放下架子,站在被劝说人的位置上考虑问题,同时,又把被劝者放在领导的位子上陈说苦衷,抓住了被劝说人的关注点,这样沟通就容易成功。上司站在下属的角度,为下属排忧解难,下属就能替上司排忧解难,帮上司提高业绩。

5. 以理服人,以情动人

推心置腹,动之以情,晓之以理。领导者的说服工作在很大程度上可以说是情感的征服。只有善于运用情感技巧,以情感人,才能打动人心。感情是沟通的桥梁,要想说服别人,必须架起这座桥梁,才能到达对方的心理堡垒,征服别人。多与下属聊聊天,关心关心对方,聊聊他们的生活、职业的发展、工作的问题、将来的方向等,既能够了解下属的情况,有利于工作的开展,也能让下属感受到你的关心,这样双方的心就接近多了,以后的沟通和工作就可以更好地开展了。

6. 注意观察,注意使用肢体语言

在沟通的过程中要配合恰当的肢体语言,比如在沟通谈话的过程中比较愉快,员工接受或认同上级建议的时候,可以拍拍员工的臂膀给予鼓励;这是对员工的一种认可和安慰,有时比奖金鼓励更有用。

7. 语言幽默,轻松诙谐

领导者与下属谈话,语言幽默,轻松诙谐,营造一个和谐的交谈气氛和环境很重要。上级和下属谈话时,可以适当点缀些俏皮话、笑话、歇后语,从而取得良好的效果。只要使用得当,就能把抽象的道理讲得清楚明白、诙谐风趣,会产生一种吸引力,使下属愿意和领导交流。

领导的语言艺术,对于下属来说,既是一种享受,又是一种激励,可以拉近上下级关系的距离。

三、与同事的沟通

1. 要有协作意识

职场上很多时候需要同事之间开展合作,在一个团队中千万不能搞个人主义,要学会与团队成员沟通,齐心协力完成工作。如果合作过程中出现分歧,可以用适当的交流方式去化解。如果自己负责的部分出现问题,也要主动承担相应的责任。想要得到别人的支持,首先要给对方提供支持,然后再要求别人配合。

以大局为重,多补台、少拆台。在合作过程中,有了成绩,不要把功绩全部包揽给自己。合作中的失误和差错,该承担的要承担。要形成团队的观念。

2. 主动让利

在我们工作中,很多人都喜欢站在自己的角度,争取自己的利益。工作中斤斤计较,只顾眼前利益。这样的人注定会被同事讨厌，结果往往是占了小便宜却吃了大亏。在工作中应体现你的大度，看似吃点小亏，实则赢得了更多同事的信任和尊重，当你需要别人的信任和帮助时，别人才会不遗余力地支持你。

3. 保持合适的距离

职场不同于学校，在学校里朋友相处可以亲密无间，但在职场上要学会与同事保持适当的距离。每个人都有自己的私人空间，有自己的隐私，切忌打探传播别人的隐私，随便翻别人的文件。

在一个单位里，如果几个人交往过于频繁，容易形成表面上的小圈子，容易让别的同事产生猜疑心理，让人产生"是不是他们又在谈论别人是非"的想法。与同事交往时，要保持适当距离，避免形成小圈子。

4. 不要谈论别人

一个单位上班，同事之间免不了会谈论一些事情，但是就算是谈论也要说别人的一些好话，不要在背后说别人的坏话，要记住现在说的每一句话都有可能传到那个人的耳朵里，所以尽量不要谈论同事之间的事情，最好说一些工作的事情。

5. 对待分歧，应求大同存小异

同事之间由于经历、立场等方面的差异，对同一个问题往往会产生不同的看法，引起一些争论，一不小心就容易伤和气。因此，与同事有意见分歧时，不要过分争论，客观上，人接受新观点需要一个过程，主观上往往还伴有"好面子""好争强斗胜"的心理，彼此之间谁也难服谁，此时如果过分争论，就容易激化矛盾而影响团结。

如果涉及原则问题，当然不能"以和为贵"，刻意掩盖矛盾。面对问题，特别是在发生分歧时要努力寻找共同点，争取求大同存小异。实在不能一致时，不妨冷处理，表明"我不能接受你们的观点，我保留我的意见"，让争论淡化，又不失自己的立场。

6. 对待个人利益要保持平常心

许多同事平时相处融洽，然而遇到利益之争，就当"利"不让；或在背后互相谗言，或嫉妒心发作，说风凉话。这样既不光明正大，又于己于人都不利，因此对待个人利益要时刻保持一颗平常心。

7. 发生矛盾时，要宽容忍让，学会道歉

同事之间经常会出现一些磕磕碰碰，如果不及时妥善处理，就会形成大矛盾。俗话讲，冤家宜解不宜结。在与同事发生矛盾时，要主动忍让，从自身找原因，换位为他人多想想，避免矛盾激化。如果已经形成矛盾，自己做得不对，要放下面子，学会道歉，以诚心感人。其实，只要有一方主动打破僵局，就会发现彼此之间并没有什么大不了的隔阂。

8. 虚心向前辈学习

有的年轻人就觉得自己行，看不起老同事。实际上老同事在这个岗位上工作了许多年，往往知道工作哪些环节容易出现问题，如果出现问题应该如何应对。他们的经验都是宝贵的，值得年轻人学习。

四、如何与客户沟通

（一）与客户沟通的原则

1. 勿逞一时的口舌之能

与客户沟通最忌讳的就是逞一时的口舌之能。逞一时的口舌之能，虽然会获得短暂的胜利快感，但绝对不可能说服客户，只会给以后的工作增加难度。真正的沟通技巧，不是与客户争辩，而是引导客户接受自己的观点或向你的观点"倾斜"，晓之以理，动之以情。

2. 顾全客户的面子

要想说服客户，就应该顾全他的面子，要给客户有下台阶的机会。顾全客户的面子，客户才会给你面子；顾全客户的面子，对我们来说并不是一件难事，只要稍微注意一下态度和措辞即可。

3. 不要使用你的专业术语

在与客户沟通时，不要老以为自己高人一等、什么都知道，摆出好为人师的姿态。在向客户说明专业术语时，最好的办法就是用简单的例子、浅显的方法来说明，让客户容易了解和接受，解释时还要不厌其烦；否则客户会失去听你解释的耐心，使你无法达到目的。

4. 维护公司的利益

维护公司的合法利益是每一位员工应该做的，也是员工与客户沟通的出发点和基本原则。在与客户沟通时，不能以损害公司的利益为代价，博取客户的欢心；更不能以损害公司或他人的利益，来换取客户对个人的感谢或谋取私利。

（二）与客户沟通的技巧

1. 抓住客户的心

摸透对方的心理是与人沟通良好的前提。只有了解掌握对方心理和需求，才能在沟通过程中有的放矢。适当地投其所好，客户可能会视员工为知己，在后续沟通中，达到事半功倍的效果。

2. 记住客户的名字

记住客户的名字，可以让人感到愉快且能有一种受重视的满足感，这在沟通交往中是一项法宝。记住客户的名字，比任何亲切的言语都更有作用，更能打动对方的心。

3. 不要吝啬你"赞美的语言"

人性最深切的渴望就是拥有他人的赞美，这就是人类有别于其他动物的地方。经常赞美客户，也许你就会改变一个人的态度。用这种办法，可以进一步发挥人的潜能，使被赞美的人有被重视的感觉。

4. 学会倾听

在沟通中要充分重视"听"的重要性。员工能善于表达出观点与看法，抓住客户的心，使客户接受员工观点与看法，这只是沟通成功的一半；成功的另一半就是善于听客户的倾诉。客户在倾诉的过程中，会因为员工认真倾听的态度而感动，会对员工的工作态度加以认同，这才会为员工下一步的工作奠定良好的基础。

5. 付出你的真诚与热情

人总是以心换心的，员工只有对客户真诚，客户才可能对员工真诚；在真诚对待客户的同时，还要拥有热情，只有拿出真诚与热情，沟通才有可能成功。"真诚"是沟通能否取得成功的必要条件。

6. "看人下菜碟"

不同的沟通场合需要不同的沟通方式，对不同人也需要采取不同的沟通方法，要因地制宜，随机应变，这样才能保证沟通的效果。

（三）对投诉的处理

客户投诉主要有上门、电话、信函或向上级及相关部门反映等形式，所反映的问题大多是对服务、管理、基础设施、环境卫生等的意见或建议。如何妥善地处理这些投诉是一项重要工作，我们必须注意以下几点：

（1）不管投诉或请求的内容是对是错，客服人员必须给予答复。如客户是通过信函形式反映的事情，客服人员一定要以信函形式回复。

（2）客户反映的事一定要及时处理，并将跟踪处理结果反馈给客户，以显示员工的工作态度及处理问题的能力和速度。

（3）如遇到客户情绪激动时，一定不要与客户发生顶撞和冲突，即使客户是不在理的。待客户情绪稳定，基本上"消气"，再详细地了解事情的经过，是员工的问题要立刻给客户解决，不是员工的问题也要耐心地解释，能够帮助客户解决的，要热心地帮助客户。

参考文献

[1] 刘维娅. 口才与演讲教程[M]. 武汉：华中师范大学出版社，2007.
[2] 李成谊. 新编实用沟通与演讲[M]. 2版. 武汉：华中科技大学出版社，2013.
[3] 张韬,施春华,尹凤芝. 沟通与演讲教程[M]. 2版. 大连：东软电子出版社，2012.
[4] 赵京立. 演讲与沟通实训[M]. 2版. 北京：高等教育出版社，2014.
[5] 雅瑟. 演讲与口才知识大全集[M]. 北京：企业管理出版社，2010.
[6] 岚裳. 演讲词大全[M]. 北京：中国华侨出版社，2017.
[7] 谭昆智,杨力. 人际关系学[M]. 北京：首都经济贸易大学出版社，2007.
[8] 谭昆智,杨力. 人际关系学[M]. 3版. 北京：首都经济贸易大学出版社，2014.
[9] （加）朱迪恩·汉弗莱. 即兴演讲——掌控人生关键时刻[M]. 垌清，王克平，译. 北京：人民邮电出版社，2018.
[10] 李燕杰. 大道有言——李燕杰演讲精选[M]. 北京：清华大学出版社，2008.
[11] 原炜飞. 脱稿演讲的艺术[M]. 沈阳：辽宁人民出版社，2017.
[12] 柳婉琴. 高校演讲——如何把当众讲话变成影响力[M]. 南昌：江西美术出版社，2017.
[13] 黎娜. 最精彩的演讲词[M]. 北京：中国华侨出版社，2010.
[14] （美）戴尔·卡耐基. 魅力口才与演讲的艺术[M]. 王红星，译. 北京：中国华侨出版社，2011.
[15] 博瀚. 演讲与口才大全[M]. 北京：同心出版社，2012.
[16] 邢群麟. 沟通心理学[M]. 长春：吉林文史出版社，2018.
[17] （美）马歇尔·卢森堡. 非暴力沟通[M]. 阮胤华，译. 北京：华夏出版社，2018.
[18] 鸿雁. 人际关系心理学[M]. 长春：吉林文史出版社，2017.
[19] "思维格局文库"编委会. 沟通的艺术[M]. 福州：福建科学技术出版社，2016.
[20] （美）克里斯·安德森. 演讲的力量：如何让公众表达变成影响力[M]. 蒋贤萍，译. 北京：中信出版社，2016.
[21] 沈春娥. 大学生社交礼仪[M]. 北京：中国文联出版社，2017.
[22] 王京京. 论演讲中的情感把握[J]. 云梦学刊，2005(1)：118-119.
[23] 王丹荣. 论演讲真实美的审美体现[J]. 湖北社会科学，2012(1)：133-135.
[24] 马增芳. 排比在演讲中的运用[J]. 演讲与口才，2003(6)：22-23.
[25] 马增芳,侯学智. 使竞职演讲生辉的修辞手法[J]. 写作，2004(13)：25-26.
[26] 马增芳. 即兴演讲快速组合内容的锦囊妙法[J]. 应用写作，2005(4)：39-40.